学術選書
093

学習社会の創造

働きつつ学び貧困を克服する経済を

池上　惇

京都大学
学術出版会

KYOTO
UNIVERSITY
PRESS

はしがき――穏やかな、ともに生きる健康長寿社会を目指す方々へ

自然からの学習と「学びあい育ちあい」の場づくり――コロナ禍後の世界を展望して

現代の日本社会で、自然からの学習と「学びあい育ちあいの場づくり」は、どのようにすれば、実現するだろうか。コロナ禍の現実は、「人と人との距離を取り、遠方からの問いかけに文字を通じて応答するテレワーク」の習慣を持ち込んだ。ここで、わたくしたちは選択を迫られる。文字情報の意味を考え、深く学習するのか。それとも、単なる反覆の言語としてやりすごすのか。

学習するとすれば、顔が見えなくても、互いの人格を尊重しあう、平和で穏やかな社会への道が開かれるであろう。生き残りをかけた厳しい生存競争の場となっている、多くの教育現場や企業現場にあって、わたくしたちは、「穏やかで、互いを尊重しあう、共に生きる場」を求め続けてきた。今、コロナ禍のもとで、多くの方々がこの課題に挑戦されており、無数の試みが行われている。

そのなかにあって、私たちは一般社団法人、文化政策・まちづくり大学校（通称：市民大学院）を、

今から数年以上前、支援者約五〇〇人とともに創設した。先生と社会人学生が同数で、それぞれが三〇名規模の小さな学校にて、先生と社会人学生が互いに教えあい、ある時には立場が逆転する。この学校が目指したのは、若者から第二の人生を目指すものまで「研究活動を通じた生涯学習システムの構築」、健康長寿・穏やかな、ともに生きる社会、幸福な赤ちゃんの誕生する社会を実現することであった。

被災地支援の学校づくりを

そして、新しい教育研究のシステムの究極の目標は、各地に自然と接する拠点をもち、通信制教育システムをもつ、全日本的、世界的なひろがりのある学習社会の構築であった。この学校の本部は京都に置いたが、東日本大震災に直面して、農林漁業工芸との接点がある、被災地に学校をつくり、人口減少地域に学習拠点を移して、これを復興、地域再生の拠点にしてはどうかと考えてきた。

現代日本における学校づくりは、復興と地域づくりという課題を避けることはできないからである。そのために、試行錯誤を重ねた末に、これまで多数の篤志家の支援を得てきた、「マイクロ・ファンド」約一億円を生かして、二〇一八年五月に、被災地、岩手気仙郡住田町に「ふるさと創生大学」を設立し、学舎を新設する活動を始めた。

この地は、宮沢賢治が愛した星空の美しい山の中にある。自然からの学びには最もふさわしい場である。水清く、勤勉であたたかな気風、荒れ地を緑地に変える力量、農業を担いつつ、夫婦ともに専門職での共働き、森林資源を生かした気仙大工の腕前、篤農家、人望ある教育家、医者、知識人の存在がある。それは、日本社会が失いかけていたものを毅然として守り通し、さらに、研究や開発を進めようという高い姿勢を感じさせた。

自分の可能性を拓く人々

さらに、ここで出会ったのが、岩手県気仙郡住田町における「佐藤霊峰の歌碑」、地元の博物館における彼の感動的な詩の発見であった。この詩は、霊峰が「夜学」に通うのは、「自己の可能性を開発すること」を目的としていることを、高らかに謳い上げていたのである。人生の目標として、働きつつ、学び、学習の機会を生かして、創意工夫しつつ、「経験から学習する」文化資本充実への道を示す感動的な詩であった。

学習社会の創造を実行しようとするとき、「自己の可能性」に疑問を持った方々に出会うことが多い。かつて、ある作家は「あらかじめ失われた恋人たち」を描き出して、ベストセラーを生み出した。互いに傷つくことを恐れて告白できない人々が増加している。これも自分の可能性に疑問を持つ人々である。

今では、偏差値という単一の物差しで能力を測定され、「自分は勉強ができない」と思い込む若者も多い。さらに、企業に就職すれば、共に生きるどころか、「お前の代わりはいくらでもいる」とばかりに、過労な働き方が待っていて、転職や非正規雇用での待遇、過労死を余儀なくされることもある。これもまた、厳しい現実である。しかし、もしも社会人が「穏やかな、共に生きられる場」を、「学習の場」として発見された場合には、まったく別の世界が拓かれる。

わたしたちは、多くの大学で社会人大学院を創設し、このような場を開いてみた。すると、生存競争のさなかから、「学習の場」を得ただけで、多くの社会人は自己の可能性に自信を持ち、その可能性を開こうと努力するようになる。それが研究の場や芸術文化に触れる場であれば、なお一層立ち直りやすいだろう。

京都の学習現場で、レジリエンスとも言える「立ち直り」の場に立ち会ったわたしたちは、今度は、東日本大震災の現場で、学習活動を開始した。そして、岩手の現場でわたしたちはこれまでの生涯学習活動を振り返る機会をいただいたのであった。その意味で、今回の『学習社会の創造』の出版は、住田固有の文化との出会いから始まった、と言ってもよい。これが契機となって、これまで各地でささやかに活動してきた社会人再教育による生涯学習活動を総括して、今後の展望を語ろうとするものでもある。

この書物を通じて、わたくしたちが、なぜ「生涯学習による全市民の知識人化をめざしたのか」も説明できればと願っている。

本書は、池上惇『文化資本論入門』（京大学術出版会、二〇一七年初版、二〇一九年二刷）の続編として、多くの学習人に支えられて完成した。

この機会に長年にわたり、植木浩先生はじめ文化経済学研究を共にしていただいた各位、京都大、福井県立大、京都橘大、文化政策・まちづくり大学校、ふるさと創生大学など、学習の場で共に学びあい育ちあった各位に対して心からの感謝と敬意を表したい。

また、福原義春先生が「文化資本の経営」のなかで、実行されてきた貴重なご研究の成果が、この書においてさらに継承・発展を実現し、文化資本をめぐる研究と対話の場がさらに大きく広がることを願っている。

二〇二〇年六月、コロナ禍で行けなくなった、岩手・気仙郡住田町学舎を京都の星空から連想しつつ。

池上　惇

学習社会の創造◉目　次

序章 自然からの学習と「学びあい育ちあう」社会を目指して

健康障害と社会的排除の現代社会

日本社会は長寿という点では、世界の先頭を走っている。「人生一〇〇歳時代の幕開け」と声高に叫ばれ始めた。しかし、現実は極めて厳しい。

そのなかで、「教員が教員をいじめる」、「健康を害して貧困化し、孤立化する高齢者」、「職場で排除され自信を失い、心を傷つけられて引きこもる若者、中年」、「長時間過重労働で孤立し過労死する中間管理職」、「子供のいじめ自殺」、「生きる価値がないとばかりに傷つけられ殺害される高齢者」など、恐ろしい世相が続いている。

さらに、追い討ちをかけるように、コロナ禍が全世界を揺るがしている。対面での話し合いや、ともに、学術や芸術を語りあう場さえ失われた。

しかし、この中で文字によるコミュニケーションの大事さがみなおされ、出版活動やデジタル出版物は画期的な発展をしている。観光活動でも現地へはゆけないが、現地の美しさやよさを出版物を通じて学習することはできるのだ。文字の文化は「来たるべき訪問」の歓びを倍加してくれるかも知れない。これからは、学習観光の時代なのだろう。

その一方で、コロナ禍は社会的弱者が常に切り捨てられる存在であり、相互支援の精神や生存権を守る法に頼らねば生きてゆけないことを明らかにした。

ドイツのナチス時代には、医者が障害者を最終処理する権限を与えられ、大量虐殺の始まりをつくりだしたことは、日本の公共放送でも伝えられ、ひろく知られている。その意味では、障害に直面する高齢者を医師の判断のもとに、事実上の精神的虐待という行為を黙認する世相は、巨悪が支配する社会を予告しているのかもしれない。さらに、高齢化社会は「若い世代に負担をかける」という空恐ろしい主張も有力である。高齢者は健康障害が多く医療費を圧迫するとか、年金負担で次世代は年金をもらえなくなるとか、高齢者を排除する考え方には事欠かない。

あらゆる世代にわたって差別と健康障害と社会的排除、高齢者の貧困化と孤立化があり、あたかも生存競争の弱者には何の価値もないかのように取り扱われている。これらの現象は何を表しているのか。よくないことが起こる前触れでないことを願うばかりである。

穏やかに共生するには

自然なことであるが、社会的に弱者の立場に追い詰められた市民や高齢になった市民には、「市民が互いによく知り合い、穏やかに共生できる」ことが望ましい。とりわけ、高齢者にとっては、この年にもなって互いに貶めあい、倒れるまで戦わされるのは勘弁してもらいたい。

長寿社会が幸福なものであるためには、生存競争の中で生まれてくる弱者を受け入れ、平和でお互いを尊重しあう社会でなければならない。実は、明治維新までの日本の地域社会は、富国強兵・殖産興業の圧力とは別に、日本固有の内発的で穏やかな富者と貧者が互いに相手の立場を理解して、「困ったときはお互いさま」の精神で相互に敬愛する習慣があった。欧米の地域社会にはみられない（欧米では、富者と貧者は別々の地域に住み、相いれない利害関係を持っているものとみなされることが多い）この日本的な習慣を、二宮尊徳は「富者と貧者が和合すれば、そこに、財宝が生まれる」と表現した。現代の日本でも各地に残る地蔵盆などの情景は、この伝統をよく伝えている。

互いを尊重するのであれば、一人一人の個性や判断力、社会的経験や人格を敬愛する習慣も求められる。この習慣は学習活動にとって不可欠の条件である。日本では、かつての寺子屋や塾など民間主導の学習ネットワークが各地に誕生し、「読み・書き・算盤《そろばん》」を基礎的な教養としてきた。この結果、識字率が世界最高となったことは、よく知られている。

この基盤があればこそ、あらゆる世代との共生が自然なありかたとなり、先祖伝来の文化や学術をたわけである。

「タテ」に継承し、相手を貶めたり、他人の財産を奪うなどの悪習を克服して、互いの差異から学びあう謙虚な姿勢や、互いの職人能力を評価しあう「学びあい育ちあい」(「ヨコ」の関係)が生み出され

明治維新による学習社会への道の中断——太平洋戦争後の学習社会への道

だが、明治維新は上からの富国強兵策によって日本独自の教育システムを廃止し、外国からの文化を教育制度に導入して、欧米流の教育による選抜システムをつくり、天皇制につながる少数精鋭の支配体制を構築する方向に進んだ。

この結末が一九四五年の太平洋戦争の敗北につながる。

戦後に制定された日本国憲法は、日本社会の学習重視のシステムを継承し、穏やかな平和主義の下で教育研究の自由を保障し、同時に、日本の伝統であった個々人の個性を尊重しあう関係、あるいは、人間の尊厳という至上の価値を、基本的人権として明記した。そして、教育基本法が互いに自覚しあい、個性の違いから学びあい育ちあう関係に配慮した。その意味では、明治維新で中断した、「学習社会への道」を、日本は再び歩み始めたのである。

しかし、新たな障害があらわれた。それは、アメリカにおける生存競争システムの導入であって、産業社会における企業エリートの選抜システムを重視し、有名大学を選抜のための場として、「入学

は容易であるが、卒業は難しい」システムを日本にも導入しようとした。

しかし、独自に学習社会の経験を持つ日本人は、大学を選抜の場に換えることには消極的で、むしろ、研究と教育の自由が確保され、就職のための学習ではなく、自己の可能性を拓くための学習を大学教師たちは強く求める傾向があった。選抜システムよりも、自由に学び、社会人として生きていく上での分野別の専門性によって教育され、入学者全員が卒業することも珍しくない。

大学院制度も、産業界や行政界のための選抜システムではなく、教員の候補者を養成することに重点があった。その意味では、日本固有の学習社会の再生への動きと、アメリカ流の「教育による選抜システム」とが衝突し、日本の教育システムは両者の間をとった中間的なものとならざるを得なかった。

ところが、このような中間的なものではなく、基本的人権や教育、研究の自由を踏まえた日本における学習社会が、地域における教育システムとして独自に再生し始めたのである。

アメリカと日本との中間的な形態として、日本の学校教育は大学進学のための受験競争の場となり、偏差値優先の「同一価値基準」教育システムに変化していった。その意味では、戦後すぐの教育理念からは遠くはなった。しかし、現在でも地域調査をしてみると、偏差値という単一の基準ではなく、地域と連携しながら、独自の学習社会を目指す動きが台頭している。

例えば、各地の専門高校や、地域社会の支援を受けた普通高校で、個性の尊重や市民としてのモラル農業や工業・商業分野における自由な研究開発の教育が実行されており、とりわけ、農村地域では、地域と高校が連携した、学習社会への道が拓かれている。これらの地域では、ひところ全国を席巻した「高校統合」の嵐に対して、農村地域における市民運動としての統合反対、人口定住や増加の基礎としての地元高校の役割が認識され始めた。

各地の高校のうち、先進的な地域では、「県外からの高校入学」を教育委員会が認める方向が打ち出されている。ここでは、日本の学習社会の特徴である、「地域からの学習への道」が拓かれつつある。このような動きの背景には、偏差値にしたがって都市や大都市に向かうのではなく、美しく豊かな「ふるさと」に愛着を持ち、農林工芸の道を歩もうとする若者が出現していることがあり、都市市民の間にも農村生活に共感して、農村に定住する動きがあり、これらを支援する自治体や国の動向も注目される。今後、テレワークの導入によって混雑する都市から農村への動きが強まるだろう。

学校制度の背後には、地域の仕事や生活がある。これらの魅力が学習社会の再生にとっても大きな意味を持ちつつある時代なのである。それは、学習というものを学校内だけでなく、地域の仕事や生活とともにあるものとして考えていくことにもつながる。さらには、「キャンパス外」の通信制教育やいわゆる「出前」教育の普及にも、基盤を提供するかもしれない。次に、このような視点か、学校制度の枠を超えた地域固有の学習システムを持続的に発展させてきた奄美群島に注目しよう。

健康長寿社会が奄美群島で定着した

私たちは長い間民間の社会活動としての学習に価値を見出し、そのなかでご縁をいただいた「働くもの」「経営者・勤労者の各位」に出会った。そして、各個人が関心を持たれる地域の研究や、それを担う思想の研究を共に進めてきた。それは、大きな話で恐縮であるが、わたくしたちにとっては、「すべての社会人を知識人化する」仕事であった。市民が参加される民間の大学院塾といえるかもしれない。

ひとりひとりの個性を尊重しあい、ともに講義の場や研究会をつくりつつ、ひとりひとりと対話しながらの「学習機会の創出」であった。大学に勤務していたころには、同僚の理解もあって、一〇〇人を超える博士学位取得志望者と、学びあい育ちあう機会を得た。定年後の今は、二年で論文一本、五年で博士論文完成が目標である。まったくの微力ながら、一〇年間でようやく論文執筆の力量を持つの三〇人ほどの学習人が自力で成長されてきた。互いの成長を支えたのは、穏やかな、ともに生きてゆける場のお陰である。幸運にも、京都市から廃校になった学舎の二階部分を貸していただき、ここで研究会や講義の機会を持つことができた。(1)

まだまだ、道は遠い。

しかし、このなかで、社会人が画期的な研究成果を出されるたびに、心が躍り、生きる力をいただいているように感じている。

そのなかのおひとり、冨澤公子氏のご研究が、名古屋学院大学院で認められ、論文博士を授与された。夢ではないかと思うくらい、一同、歓びに浸っている。

氏の研究によれば、現代の日本社会において、「健康長寿・合計特殊出生率向上」、つまり、長寿者たちが健康であり、次世代を担う赤ちゃんたちが着実に誕生しているところは、九州の南端、海上に点在する奄美群島の地域コミュニティ、生活の最小単位である「シマ」と呼ばれる「小さな地域社会」であった。

世帯数から見ても、せいぜい八〇軒ほどにすぎない「シマ」である。(2) しかし、この小さな自治の単位において、なぜ「健康長寿と赤ちゃん誕生」の二つがともに実現しているのだろうか。

各個人の、ともに生きる人生こそが、貴重な資産である＝文化資本の思想

冨澤論文によれば、そこには奄美地域固有の要因として、長寿者が地域における智慧の蓄積者として尊敬され、伝統的で創造的な祭事や生活習慣、生産や生活のノウハウを身につけた「人生の模範」として「次世代から学習の対象となっている」という事実がある。つまり、長寿者は地域の、よき習慣や文化活動などを通じて、あらゆる世代に、「学びあい育ちあい」の場をつくりだす。そして、自然から学びつつ、自然を知る中で、創意工夫をしてきたのだ。

この過程で、高齢者層の智慧や術が心身に蓄積され、さらには、判断力や熟練・技能など、「人生

の中で心身に構築してきた価値ある資産＝文化資本」が担われてきた。これらの「目に見えない」貴重な資産が次世代に継承・創造され、学びあい育ちあいの関係を生み出すなかで、健康長寿は達成されていたのである。

このような文化資本に対して、世界で最初に注目し理論化したのは、西欧のジョン・ラスキン（1819–1900）、東日本の二宮尊徳（1787–1856）であった。ラスキンは、次のような言葉を残している。

There is no wealth but life.(3)

「各個人が個性の差異から学習しあい、ともに、生きる人生こそが貴重な資産である」

また、二宮尊徳は、「報徳」という言葉を用いて、農業や、農具を生み出す金属加工事業を観察しつつ、自然という豊かで厳しい存在に対して、「人の活動＝人為」を加えること。人の活動は道具を活用して、「自然本来の力を引き出している過程」に注目した（自然への注目はラスキンと通底している）。そして、この過程で、人知を磨き、仕事・生活を、よりよく実行し、新たな進歩を生み出す過程を解明した（人為の意味についてもラスキンと通底している）。報徳というと、道徳や宗教を思い浮かべるが、尊徳はそうではなく、自然から学び、先人の経験から学び、その上で、自然の理を認識して創意工夫する。これこそが自然の恩に報いること。つまり、報徳なのである。

そして、人が「自然の理」を生かす力量を育て心身に蓄積する。これによって、彼は、新たな進歩、現代でいえば、イノベーションを起こそうとした。彼の視野には、植林による土壌の保全・改良人、水利のシステム構築人、精励奇特人と呼ばれる農業の達人、商才ある農民など＝「文化資本を蓄積した人物」が入っていた。彼は、漢語を用いながら、近代的な科学精神をもって、人間の積極的な役割を位置づけたのである。(4)

尊徳の報徳という名の、自然や人間からの学習による創意工夫や「共に生きる智慧と実践」は、自然や人間への尊敬が基礎となっている。尊敬の念があれば、自然や人間から、人は、利己心を超えて謙虚に学ぶことができる。これは、利己心とは区別される自愛心(5)であり、自分も大事にしながら、自然や他人、社会を大事にする「共生」の思想である。

謙虚に学ぶことができれば、主観的になることなく、客観的に自然を観察し、自然の理を発見できるし、人間の可能性を見出して、対話しながら、本人は気が付かない潜在的な力量を発見し、仕事の苦しみや辛さにも共感できる。本人を苦しめた実践であっても、そこから学ぶ意欲を引き出せれば、積極的な評価ができる。

それらの結果、「自然や人間の持つ潜在能力が学習によって引き出され、共生のための智慧と、実践のための道が発見出来る」のである。

例えば、尊徳は、経験から、「なすび」の味が変わった年には、冷害がおこること、飢饉が迫っていることを「自然の理」として認識していたとする。冷害や飢饉が自然のこととして襲ってくること、これを事前に察知できたならば、尊徳は直ちに、米作を中止して稗や粟を植える。そして、コメを備蓄して冷害に備える。これによって、人々がともに生きられるとともに、自然と共生もできるのである。自然は一粒の種から多くの収穫をもたらしてくれるが、同時に、大災害で人の命を奪う可能性を持つ。自然の豊かさを生かし、害を最小限度に抑える智慧と実践と、それによる共生である。

ここに、日本における学習革命としての、尊徳における「学習社会の創造」につながる構想がある。後に、彼はこの学習理論を地域再生構想に生かすべく、「尊徳仕法」を開発した。

尊徳は、人間相互の和合を実現するために、私的な所有を至誠・勤労の成果として尊重しあいながら、地域再生という公共目的のために、私的所有の壁を越えて人々が協力し合う社会を構想した。例えば、尊徳仕法においては、私的な所有権が持つ「人々を隔てる壁」、例えば、富者と貧者の対立や、富者同士の対立、貧者同士の対立を克服するために、「所有権を残したままの、財産信託による地域基金の構築」を提起する。ここでは、尊徳が土台金をだし、あらゆる市民が、富者はより多く出資し、貧者は零細な仕事をおこし（縄ないなど）、医師などの専門家や領主（尊徳の財務調査によって奢侈を戒められ、財政を節減し、減税したのちの余力があれば）も参加する。

この基金は、藩の財政よりも権威のある存在となり、人々が勤勉に働く場を構築する。植林、水利の整備、心のよりどころとしての神社などの再建、救貧事業、破損した住所の修復、病人の治療などなど、新たな場が提供される。これこそが、精励奇特人から学びつつ、市民一人一人が自立した勤労者、生活者となるときである。この意味では、尊徳の学習社会は農業を基礎とし、達人として活動する、多様な職人から学習して、たがいに差異を生かしあい、自然から学びつつ災害に備える地域コミュニティの構築を意味した。まさに、キャンパスなき学校である。そのとき、尊徳は、人々の共有資産として「道歌」を詠み、口ずさみつつ楽しく仕事をする習慣を持ち込んだ。生活の中の芸術文化を提起しているところは、ラスキン、モリスの思想とも通じるところがある。

この仕法は基金を消費せず、勤勉に働くもの（精励奇特人）に無利子無担保融資を行い、返済が完了すれば、冥加金として感謝の気持ちを表す。融資活動も行い、一定の金利や資産の値上がりによる収入もある。

何年かの再生期間を修了して、地域に小農の復活と正常な生活が再生できれば、投資を回収してなお、剰余が出る。ここで仕法は終了し、出資者に信託された資金を返して、それぞれの私有権が信託財産から私有財産に戻る。

仕法における出資、地域基金形成、農を基本とした仕事の場づくり、生活の相互支援、農における熟練・技巧・判断力など、人が身につけた文化資本の学習システム、さらには商業による地域間市場の形成と交流、学びあいなどは、尊徳による「学習社会の創造」であった。

この構想は、世界的に見ても、最もよく考えられた学習システムであり、日本が世界に貢献しうる貴重な構想である。

注

（1）社会人大学院設立と「働きつつ学ぶ」活動については、本書の第六章参照。

（2）冨澤公子「奄美群島における長寿の地域要因と支援要因の分析」、国際文化政策研究教育学会編『国際文化政策』第一〇号（二〇一九年八月）。

（3）この英文は翻訳が極めて難しく、これまで、いくつかの事例があるが、ここでは、上記の訳とした。なお、『貧乏物語』で、この文章を引用した、河上肇は「富何者《とみなにもの》ぞ只生活《ただせいかつ》あるのみ」と訳している。

引用にある、ラスキンの著作は、Unto This Last という小さな論文であった。彼は、著名な芸術評論家であったが、画家ターナーの作品に触れる中で、「奴隷船」という作品を見て、社会問題の深刻さを知り、政治経済学を学習し始めた。この論文は、政治経済学者としてのラスキンが世に出た時のものである。Unto This Last の日本語訳は、飯塚一郎訳「この最後の者にも」責任編集、五島茂『ラスキン、モリス』（世界の名著52）中央公論社、一九七九年。原典は、E. T. Cook and A. Wedderburn eds., *The Works of John Ruskin, Munera Pulveris, Time and Tide with Other Writings on Political Economy, 1860-1873*, George Allen, London; Longmans & Green, New York, 1905.

（4）二宮尊徳「三才報徳金毛録」報徳の解、参照、責任編集：児玉幸多「三才報徳金毛禄・解題」児玉幸多責任編集『二宮尊徳』（日本の名著26）中央公論社、一九七〇年、四一五ページ以下。

（5）自愛心を人間の倫理として位置付けたのは、A・スミスであった。彼は、『国富論』の最初のほうの一節で、分業社会において、職人の自愛心と、他人の仕事に対する共感力が交換行為の基礎にあることを示唆している。『国富論』の日本語に訳は、自愛心と利己心を混同しているものもあるが、この二つの概念は区別すべきものではないかと考えられる。

第1章……これからの学習社会――被災地での新たな活動をめぐって

1 はじめに――ふるさと創生大学による学習の場づくり

昔は夜学生・今は通信制教育システム

岩手県気仙郡住田町の詩人、佐藤霊峰は、夜学生についての詩を残した。

我は夜学生なり
昼働きて夜をし学ぶ
かつての日世の人之をさげすみて
夜間学生なりと

我は夜学生なり
その学費親に頼らず
学力彼に及ばざるといえど
道を求めんの気がひ
我彼に劣らず

我は夜学生なり
遊びたきを遊ばず眠たきを寝ず
世のインフレの中にあがきつつ
奢りたきを節してそを之にふりむく

我は夜学生なり
その欲しき本の数多くあるを
その収支のつぐなわんを計りて
必要と認むる物のみを購う

我は夜学生なり
その得んとするは
単なる履歴にあらず知識にあらず
真実なる自己の力の探求にあり（以下、略）

この詩は、現代の通信制教育システムで、これから学ぶ者にとっても、基本的な道しるべとなるであろう。

ここには「働きつつ学ぶもの」が直面する困難と、それにもかかわらず、困難を希望に転換しうる「人間らしさ」「気がい」「ライフ・スタイル」「合理的な家計経営」「真実なる自己の探求」などが見事に謡《うた》い込まれている。

そして、霊峰の時代には、例外の学生であるとみなされていたものが、これからの、生涯学習時代においては、すべての市民が、働きつつ、生涯にわたって学習を続け、真実の自分を発見する営みが始まっている。この営みは、世代を超え、時代を超えて継承・発展していくであろう。

霊峰のふるさとが生み出すもの

文化政策・まちづくり大学院大学設立準備委員会という長い名前の準備会がある。池上惇が会長を務め、すでに、一〇年以上、通信制の大学院大学創設を目指してきた。

なにしろ、五〇〇〇円、一万円単位でマイクロ資金を集め、二億円以上の学校づくりをするのであるから、大変な時間がかかる。

同時に、学舎をどこにつくるかも大きな課題である。

この準備会は、京都市のご支援で京都市下京区に廃校利用の学舎をお借りしている。しかし、学校法人を申請するには、「自己所有」の学舎が望ましい。借入すれば年々の家賃は相当な金額になってくる。

わたくしは会長として、学舎をつくることで被災地の復興を支援し、学舎を基軸として地域再生の道を発見できないかと、常々構想してきた。その理由の一つは、マイクロ資金を集める中で、相当な金額をご寄付いただいた会社が被災地神戸に本社を移されたことを知ったからである。これはみならわねばと思い、大津波に襲われた岩手県気仙郡や、隣街の遠野市に通い始めた。

そして、ついに、遠野市で「ふるさと学校」にであい、それを創設された地元の教育者の紹介で、気仙郡住田町に学舎を購入したのであった。

この地の方々のご協力で、地域の公民館や、購入し改修した学舎（裏山と地域内の散策路＝哲学の道も）、それに、借入であるが広い研究棟や山林、ご提供いただいた農地（ふるさと農園）、などなど、過分な学校が「ふるさと創生大学」として、二〇一八年五月に発足したのである。

この大学における「学びあい育ちあい」の一端を、参加された方の文章によって紹介しよう。それは、二〇一八年七月七日、第二回講座「池上先生との語らい」『千葉塾』五葉地区公民館多目的ホールでの体験発表であった。

演題「生きていることのすばらしさ」

ふるさと創生大学研究員　阿保和子
（大船渡市大船渡町在住）

卒業文集の夢実現

私は昭和二八年一二月二四日クリスマスイブに生まれました。思えば、戦後八年目の時でした。今年は東日本大震災から七年がたち八年になろうとしていますが、まだまだ復興途中です。私が生まれたのも、戦争の傷跡が残っていた時代だったのではないかと思います。それでもわが家では貧しいながらもクリスマスイブにはいつもクリスマスツリーを飾りバタークリームのクリスマスケーキでお祝いしてもらっていました。

幼少のころは身体の弱い子供で親に心配かけてばかりでした。昭和三五年に小学校に入学。その年にはチリ地震津波がありました。翌年の小学校二年生の春に、盲腸炎と肺炎を併発して死にかけたそうです。でも、その後は丈夫になり、近くの山や川で遊んだり、冬には氷をはらせた田んぼでスケートをしたりと活発に遊んでいたものでした。五年生の頃からソロバン塾に通いました。小学校の卒業文集にはソロバンを活かせる銀行員になりたいと書いた記憶があります。

中学校では器械体操クラブに入り市内大会で優勝することが出来ました。高校は地元の大船渡高校を勧められましたが、体操を指導できる先生がいた高田高校に進み体操三昧の高校生活を楽しみました。通学にお金がかかり両親は大変だったと思いましたが、私の希望通り高田高校に行かせてくれました。過ぎし日のことがつい昨日の事のように思い起こされ、両親への感謝の念が湧きあがってきます。

その後、進学か就職かで悩みましたが、家庭事情を考え就職することにしました。就職先は一番初めに求人募集が来ていた銀行を希望し無事採用となりました。定年退職まで四二年間勤めあげましたが、その間、結婚・出産・子育ての都度、家庭か仕事かで悩んだりしましたが、夫はじめ家族の協力のおかげで乗り切れました。定年間際には高齢になった親の介護と仕事との選択にも悩みましたが、理解ある上司・同僚に恵まれ、この二つのことを何とか乗り越え、定年まで勤め上げることができました。家族、同僚に感謝の気持ちでいっぱいでした。付け加えて申し上げますと、職業柄、色々な方々と出会えたことは私の大きな財産になっています。

一五名での避難生活

私は四二年間の銀行勤務で、四回の転勤を経験しました。最後には気仙沼支店から、平成二〇年一〇月に希望していた地元の大船渡支店に転勤出来ました。そこで平成二三年三月一一日の東日本大震災に遭遇。私たちは支店長命令でテンデンコに自宅に帰ることになりました。地震発生後すぐに逃げ帰ったことで全員無事だったことはなによりでした。勤務していた店舗は流され、今までに経験したこともないような業務対応に追われたものでした。また、普段は夫婦二人だけの生活でしたが、被災した社宅にいた職員やその家族と合わせ一五名ほどが、高台にあり「被災を逃れた我家」に来て避難所生活が始まりました。一〇日間ほどお世話をしましたが、周囲が大変な状況であったにもかかわらず支店長の指揮のもと職員の安否確認や非常時の的確な対応などを目の前で見ることができ、支店長はじめ同僚との共同生活を送られた事は貴重な経験になりました。

被災直後は、電話も繋がらず離れて暮らす子供たちの安否確認も出来なかったのですが、翌日には盛岡にある本店に連絡先のメモを持って行ってもらい、本店から子供たちに連絡していただき私たちの無事も速やかに知らせることが出来ました。この時には大企業の強みにありがたさを感じたものでした。

わが家での共同生活は、寒さの中、電気も水も食材も無いなかで三度の食事の世話など大変だった事もありましたが、それぞれ自衛隊の給水車から水汲みをしたり、食材を準備してくれたり、同じ職場の若手行員などは内陸の実家からストーブを持ってきてくれたり大変助かりました。

そのような中で私にも大勢の方々のお世話が出来たということは自信にもつながりました。何よりも、人と人との絆の大切さを痛感したのでした。

書道教室開き親孝行

退職してから早くも四年、あっという間でした。退職して最初に感じたことは、何事も自分で考えて動かなければ事が進まないのだということでした。当たり前のことを、今までは仕事中心の中で、不便も感じず生活してきたのです。家にいるようになると、自分で一歩を踏み出さなければ何事も進まず、人々との出会いもないのです。

私は平成九年から四〇の手習いで書道を始め、平成一五年からは八〇歳近くになる私の両親や義理の母、そして友人達に自宅で教えていました。両親たちは若い人たちと一緒に習字が書けると喜び、私は内心親孝行が出来ていることに幸せを感じていました。今は両親も亡くなりましたが、ちょっとした出会いから私の書道教室に来てくれている仲間とともに、充実した時間を過ごしています。

健康維持のために水泳を始めました。以前のことですが、さっそうとクロールで泳いでいた友人をみて羨ましく思ったことがありました。私は泳げず水も怖かったけれどプールに通い、今ではどうにか二五メートルを泳げるようになりました。水泳を始めた折、偶然の再会がありました。以前に銀行の窓口で毎日顔を合わせていた方と一緒になりすぐ意気投合し、今の私の行動につながっています。

木漏れ日に感動した日の出会い

そのうち、「泳ぐだけでなく山歩きも良いよね」ということになり、三年前になりますが、東海新報に載っていた『五葉山自然倶楽部』主催の乳頭温泉郷トレッキングに申込みました。このときの散策で、団体で歩く楽しさ、安心感を得ることができました。それだけではありません。何より木漏れ日の美しさに感動したのです。

そこで出会ったのが事務局長の千葉修悦さんでした。初参加の私たちに親切に話しかけ和ませてくれました。それをきっかけに『五葉山自然倶楽部』のいろんな行事に参加、そのうち千葉さん主催の『天嶽地域構想学』そして『千葉塾』への参加へとつながってきました。

千葉さんは行事の都度、一人一人に自己紹介や感想などを述べさせていますが、そのことで人と人とのつながりも深くなり、それぞれの発言から学ぶことも多く、なにより自分の思いを大勢の人達の前で話すことなどこの歳になるとめったに無いので刺激にもなります。

念願の〝大学〟に入学

昨年、池上先生と出会いました。私にとって、高校を卒業するときに、進学か就職かで迷った末、就職をしましたが心のどこかで大学へのあこがれはありました。ですから、京都大学の名誉教授である池上先生とお会い出来ると知った時には、私のかつてのはかない夢が叶えられると思い、喜んで参加する気持ちになりました。池上先生は私が思っていた大学教授のイメージとはまったく違い、にこやかな方であり、お話も私にでもわかりやすく話していただき、すっかり池上先生のファンになってしまいました。

仕事をしていた時には、新商品の勉強や、資格取得試験の為の勉強など退職間際まで生涯学習と思いながら勉強してきたものです。しかし、退職してその必要がなくなり安心感があった半面、なにか物足りなさも感じパソコン教室に通っていました。そして、思いもしなかった『ふるさと創生大学』にも入学できることになり、これからも学んでいけるという喜びを感じています。

母は私を「大学に行かせてあげられず申し訳なかった」と亡くなる間際まで言っていました。私は「自分で選んだ人生だし悔いはなく楽しく生きているからそんなことはないよ。」と話していたものです。そして今やっと大学に入学出来ました。きっと母も草葉の陰から喜んでくれているように思います。

論語に「楽しむことこそ最高の境地！」という意味の言葉があります。何事においても楽しみながら物事に取り組んでいく事の大切さを説いているのだと思います。

今回、この発表する機会を与えていただき、あらためて自分の人生を振り返ることが出来ました。

出会いの有り難さを感じ、希望や夢を持つことが大切であり、そこに向かって生きていくことで夢はいつか叶うと思っています。

「人生、一期一会を大切に、夢を持って、今を、楽しく生きる。」

そのことが、生きていることのすばらしさを実感できることだと思うのです。

＊＊＊＊＊

佐藤霊峰は、詩の中で、

我は夜学生なり
その得んとするは
単なる履歴にあらず知識にあらず
真実なる自己の力の探求にあり

と、詠っている。

いま、阿保和子さんの体験発表の中にも、霊峰の言う、「真実なる自己の力の探求」の心が情熱をこめて語られている。

この地に、学校をつくってよかった。

さらに、この体験では、被災地における「心のつながりと復興」のさまが見事に描き出されていて感動した。次の人生は、海に生きた男性の物語である。

演題「海に生きた半世紀」

ふるさと創生大学研究員　小山正敏
（気仙沼市在住）

はじめに——海に生きるとは

海に生きるとは、ふるさとを離れ、大海原を船で行くことであり、大自然に触れて健康を保ちつつ、魚など、豊かな「海の恵み」をいただいて、人々に海産物の味などを届ける「大事な仕事」である。同時に、昔には、船底は「板子一枚下は地獄」とも言われた危険な仕事であった。

しかし、船の安全を確保する人間がいるならば、船で行くも帰るも五葉山を望み、自分たちの「ふるさと」に思いをいたしつつ希望をもって生きる人生でもある。

安全を確保する力量を先覚から継承し語り継ぐ

どのような仕事であれ、不測の事態が発生して生命の危険に直面する可能性があるが、漁業は船という乗り物を活用して、自然の厳しさが待ち受ける海の上で仕事をする。

このために、自然災害などを科学的に予測して安全を確保することが何よりも必要である。自然だけでなく、北洋漁業など、北太平洋地域を漁場とする場合には、関係諸国からの厳しい操業規制があり、注意を怠れば拿捕の危険も大きい。

では、船の安全を確保するとは、どういうことか。

船乗りを職業とするということは、操船の技術を身につけ、船を操る名人となることである。操船の基本は、船の進路にかかわる水路の情報を熟知し、海図を理解して、羅針盤などを活用しながら船の位置を常に正確に把握し、天候の変化や風の向き・強さを頭に入れて、船の安全な航海を確保することである。

また、船団を組んで操業するには、船相互間の連絡や情報の共有、陸上の通信本部との通信が欠かせない。遠洋で操業する漁船では、短波による無線通信が主流である。母港を管轄する漁業無線局に所属して漁業通信を行う。

この際、無線通信士の資格を持つベテランが同乗することも、安全のための重要な要素である。また、鮪延縄《まぐろはえなわ》漁業では、延縄の長さが一〇〇km～一五〇kmと非常に長いので、他船と交差する危険があり、通信には容易に傍受できる無線通信を用い、他船と情報を共有することによって危険を回避できる。

今日は、本物の羅針盤を持ってきたので、ぜひ、ご覧ください。

学習し体得してきた文化資本を生かすには

この仕事は、長年にわたる「先覚からの学び＝学習」を通じて、「人から人への体験による教育と訓練」があってこそ体得できる。そして、このような職業上の力量を持つことが生きる上では避けることができない。

東日本大震災においても、地震の危険を科学的に予知して、人々が情報を共有し、一人一人の自主的・自発的な判断能力を平素から高めておくことが被災を最小にする。

漁業も全く同じであって、通信の専門家が提供する位置情報などを互いに共有し、自然のもたらす危険や、人が運んでくる危険を事前に知り予防する行動をとることが必要である。

ここで、強調したいのは、自然災害や人災などを事前に知るには、船長などが天候を読み、国際関係の複雑な動きを事前に知っておくことが重要な意味を持つ、ということである。

天候を読むには、永年の航海経験から、陸地の目印となる山の頂にかかる雲や風向きなどの動きから急変する天候の予兆を読み取る必要がある。

航海のベテランは、例えば、五葉山を海上から望み、山頂付近をめぐる雲の動きなどを観察して、急変を読み取る力量を備えていた。このような力量こそ、人命を守り安全を確保するのである。

自然や社会から「読み取る目利き力」を高める

自らの目や耳や皮膚の感覚を通じて、体験の積み重ねから天候を読む力量や、通信技術の助けを借りて、船の位置情報を正確に把握する力量は、ある種の職人技である。

それは先覚から学ぶことであって、天候を読む力量や位置情報を把握する力量は、ベテランの船長などが体得された技である。また、先覚から継承した、優れた「目利き」ともいえる能力である。これは、目利きによって人の生命を守るのに貢献するから「文化」と呼んでもよい。

文化とは、人の生活をよりよくする要因であると思うからだ。

この意味からいうと、人が身につけた技と文化は、その人にとっての貴重な財産である。この財産は、一方では、漁業によって良質のたんぱく質や食文化を提供することによって、人々の生活を豊かにするという意味で文化的な財産である。そして、他方では、仕事を通じてその人に所得や収入をもたらすという意味で、経済的な財産でもある。

終わりに――船乗りの組織を経営する力量を高める

さらに、船長は操船に責任を持つ。そのためには、例えば、船長になって船を運転する技術者の協力を得ながら、自分の持つ技と文化、つまり、文化資本を生かして自然を読み取り、社会の動きを読んで、安全を確保する。

そして、一歩進んで、体得した力量（文化資本）を生かして、乗組員全員が「安全を確信できる方法」を用いて納得を得ながら、仕事をする必要がある。これは、コミュニケーションによって人々のつながりを生み出す力量である（このような力量は人と人とのつながりを生み出すという意味で社会関係資本と呼ばれることがある）。

この力量によって、船長は乗組員全員の命を預かっているという信頼関係の下で、仕事を全員の協力を得ながら行うことができる。この場合には、「船長に任せておいて大丈夫」という信頼感があってこそ航行の安全は確保できるということになろう。

これは漁業の土台となる「船乗りの組織を経営する力量」である。

その上に、船長は、漁場において魚を発見し、魚を網などで獲り、水から揚げて保存しつつ、母港まで持ち帰る。これらは、一口にいって、漁獲の技や文化と呼ばれている。

航海の安全を確保しつつ、乗り組み員をまとめる力量とともに、このような漁獲の力量を身につけ、一時間あたりの漁獲高を高め、これによって事業の収益力を高めることも、船長・漁労長の重要な仕事である。

同時に、この仕事も日本の漁業の現場では、しばしば現場の方々の熟練の技や判断力の確かさとともに過労や睡眠不足を伴い、これらを伴った船上での作業は人々の生命の大きな危険を伴う。とりわけ、魚が見つかって、集中的に網を挙げて保存作業を余儀なくされるときには、過重な仕事が集中するから、半分眠っているような状態でも仕事をしなければならない。

これを一人一人に目配りをしながら安全に実行することは至難の業である。しかし、この試練を乗り越えないと、多くの漁獲高を母港に持ち帰り、地元の方々に喜んでいただくわけにはいかない。

私は、地元の産業振興に貢献したということで自治体などからご表彰をいただいているが、これは危険と隣り合わせの、乗組員一人一人の努力の結晶であって、私個人に帰すべきものではない。これは、すべての叙勲や表彰について言えることではないだろうか。

以上、私の「海に生きた半世紀」とは、自然の変化を読み取り、社会の動きを察知し、安全確保への確信をもって、乗組員一人一人との信頼関係を築き上げつつ、それによって、厳しい仕事にも関わらず豊かな「自然からの贈り物」を持ち帰り、地元経済の発展に貢献し、日本人の食文化の向上に貢献してきた。

その行動の基盤は、先覚から学習して継承した、貴重な文化資本である「天候の読み方」「自然や社会に対する目利き」の力量などを継承し、自分の力として人々の営みに貢献しえたからである。

先覚への感謝を込め、信頼をお寄せいただいたすべての方々に対し、心からの御礼を申し上げたい。

(以上、当日の体験発表をもとにして池上惇が要約しました)

つぎに、地元でふるさと創生大学を支えてくださった、千葉修悦先生のメッセージをお届けする。

演題「未来につながる幸せのかたち」

ふるさと創生大学運営委員　千葉　修悦

生存競争から人間主体の経済へ

「自然の恩に報いつつ、互いに信頼し、尊敬しあい、譲り合う人間関係こそが、これからの時代を拓く」。池上惇 ふるさと創生大学学長（京都大学名誉教授）の信条である。

今日、経済効率が優先し、市場原理主義が貫徹され、文明が進むほどに人の孤独感、疎外感が増し、救われ難くなっている。置き去りにされた存在があることさえも「成長」という価値観のもとでは視野にはいることはないが、池上先生が提唱され、実践されているのは、過当な生存競争から脱却し、人間主体の経済への転換である。ひとりひとりが人生の中で、数々の試練や歓びの機会を体感しながら、「生きる力」として身につけてきた創造的な力量である。これは、生きる人間としての実践から生まれた学習の成果であり、文化資本と名付けて、この上なく大切なこととして取り扱うことであり、これによって、人間の営みを互いに評価し尊敬しあう関係が生み出される。

人はそれぞれに個性があり、地域と共に生きて学習しながら、仕事や生活を行う潜在能力を秘めている。その能力によって尊厳ある存在として、お互いに尊重しあうのである。このような潜在能力をすべての市民が持っていると考えた思想家は、A・スミスであった。それゆえに、彼の著作は今につながる古典となっている。

今年（二〇一九年）の一月一八日、そうした池上先生の思いがぎっしりつまった集いが、京都大学時計台記念館国際交流ホールで開催された。『文化資本の経営』二〇周年記念シンポジアムである。文化資本の提唱から二〇年、先生が会長を務める「国際文化政策研究教育学会」設立一〇年、そして文化政策・まちづくり大学院大学に先行した文化政策・まちづくり学校（略称ふるさと創生大学）の開校、加えて二〇一八年秋には、国際文化政策教育学会の顧問をされている資生堂名誉会長 福原義春先生が長年にわたる企業メセナ協議会活動が評価され文化功労章を受章され慶事が続いた。

シンポジアムはこうした大きな節目の年に全国各地から一〇〇名ほどの学者・研究者が出席し開催された。このシンポジアムに住田から、藤井洋治先生、及川良一・しげ子さん夫妻、紺野貴代子さん、筆者、大船渡から阿保和子さん、志田裕子さん、伊藤圭子さん、遠野から奥寺カホ子さん、菊池貴久子さん姉妹、佐藤智江さん、そして気仙沼から小山正敏さんが参加した。総勢一三名である。

良心に従い自由に生きる

今年八六歳になられる池上先生は、戦後の混乱期をくぐり抜けてきた。「焼け跡、闇市からの人生であり、荒廃した社会にあって、孤立・孤独を恐れぬ精神を教えられ、それらに耐えて生き抜く術を身につけようと必死であった」という。大学時代、地域調査を生業とし、古典文献を読みあさり現代に生かすことを考察された。一九四〇年代にアダム・スミスの学説を発展させるかたちで教育経済学が台頭した。これに勇気づけられ、一九六〇年代の後半から、経済学は「人間発達」という課題に真正面から向き合うべきだ、と主張された。池上先生の若い頃のあだ名は「素浪人《すろうにん》」。良心に従って自由に生きることが身上で、大事だと思うことを実行するすがたを評してつけられたものだった。「そんなことをすれば、世間から非難されて自分が損になるのに」と、友人たちが助言しても平気で実行にかかる。

大学紛争が激化していた一九六九年頃、京都大学の教員として学生たちに向き合った。バリケードを作り、角材を持ち、ヘルメット姿の学生たちに、学ぶことの尊さと知を身につけることの大切さを、体を張って説いた。

小学生のころ、戦時中に空襲に会い、六〇歳代後半に脳梗塞、七〇歳代後半に肺炎を患い死に直面したことにより、より内省を深められ、ひとりひとりの存在こそが大切なことだ、と確信されたように思える。二つの大きなご病気が来し方を顧みさせ、行き方を照らし、自身を励まし続け、勇気づけてきたのではないだろうか。人は極限状態にあるとき何が大切かを迫られ、察知する。一筋の道をまっすぐに歩き続ける池上先生のお姿がそのことを語りかけてくる。

四四年前の〝出会い〟

大学紛争が沈静化した一九七三年、私は住田高校から東北学院大学 文学部 英文学科を目指した。が、その思いは叶わなかった。早々と英語教師の道を断念しなければならなかった。幸いなことに何とか経済学部 経済学科に入ることが出来た。

入学した年の秋に石油ショックがありガソリン・紙などの品が不足しスーパーマーケットに買いだめの客が殺到した。前年には通産相 田中角栄が『日本列島改造論』を発表し、全国的に農地などの買い占めブームが起こり、地価が高騰した。農村部からの人口流失と、都市部への人口の集中によって過疎と過密が激化した時代である。地域間の不均衡が増長され、地域格差が拡がっていった。

私の関心は〝ふるさと住田〟にあった。研究主題は地域であり、大学二年生の時に、渡辺茂蔵先生の「地域開発論」を専攻した。高度経済成長による弊害が顕著化してもなお、産業化、工業化、都市化こそが社会の進歩であるという強固な価値観が支配的であった。そうした社会風潮のなかにあって、生産性や効率優先に組しない独自の視点で、地域を、そこに住む人々を、温かな眼で見つめる学者がいた。京都大学 経済学部の池上惇助教授である。

東北・北海道の地域開発論を専攻するゼミ生同士が発表しあい、研鑽を積む場である東北・北海道ブロックゼミナールや横浜国立大学で開催された全国大会で発表の参考としたのが、京都大学池上ゼミのレジュメである。

二〇一七年二月、藤井洋治先生（岩手県立遠野緑峰高校元校長・現同校同窓会長）からお電話があった。「修悦さんに是非会っていただきたい方がいます。京都大学名誉教授の池上先生です」。三月一日、遠野の食事処「ばんがり」でお会いしたのは、四四年前『地方財政学』の本で知り、尊敬し、私淑していた池上惇先生であった。「ある地域づくりの説明会において、地域づくりの核心を突く鋭い発言をされる方があり、住田のまちづくりに強い関心を持つようになったので藤井先生にお願いした」と話された。会合での発言が池上先生との奇跡的な出会いをもたらしてくれた。英文学科に合格していれば池上先生との出会いはなかったに違いない。

「千葉塾」の誕生

池上先生は、東日本大震災以降、遠野に来られていた。奇跡的な〝再会〟を得、先生が来られるのを心待ちにした。今日の風潮、世相、経済政策、農山村の蘇生、ひとりひとりの主体としての存在など、社会、経済、人生、時には芸術について語りあえた。ある時は、あらかじめメモを用意し、それに沿って先生のお考えを伺い、論が広がり、問いは深まっていった。

こうした先生との語らいに、上有住の地域おこし協力隊として活躍されている金野正史さんにも同席していただき、一緒に話を聞いてもらった。金野さんは深い感銘を受け、他の人たちにも広く先生のお話を聞ける機会を設けることに賛同してくれた。

二〇一七年九月二九日、「ひとりひとりが拓く未来への扉」をテーマに遠野緑峰高校の同窓会館で公開講座を開催した。その翌日、かねてから温めていた先生との語らいの場を「池上塾」としたい旨申し上げた。賛同していただけるものと内心思っていたが、そうはならなかった。「地元の人が進めるのが一番いいです。千葉先生が主宰する『千葉塾』にしてください。私が顧問になります」。有無を言わせぬきっぱりとした口調でおっしゃられた。こうして池上先生との語らい「千葉塾」が誕生した。先生のお話を伺い、出席者が感想や考えを述べあい、さらに先生が解説や意味づけを行う。先生が命名された「千葉塾」であるが、個人名を冠することに面映ゆさがある。

池上先生の自問

人間は生まれながらにして学習能力を持っている。そうした能力が発揮されるには、学習の場を必要とする。その際、外部からの生存競争の圧力のなかで、人を人として認めずモノとして扱う動きが個人に迫ってきたとき、個人はどうすればよいのであろうか――。池上先生の自問である。

先生は、人間の能力を開発して創造性を生み出し、学習社会を構築して、学びあい育ちあう場をつくることを主張してきた。しかし、まったく相手にされなかった。それでも深い思いは揺らぐことはなかった。京大時代、社会人の大学院大学を日本で初めて設置した。信望があって、教養があっても日本の職場では受け入れられず、大学院大学で〝いのち〟を取り戻すより他なかった。生気を失い死んだような顔をしていた学生が六か月後進んで話し出した。生き生きした表情であった。「先生、メシおごってください」と、遠くから通ってくる大学院の学生にそう言われるのが嬉しかった。池上先生に土日はなかった。

こうしたなかから、文化政策・まちづくり大学院大学 設立構想は具現化していった。「私は、『文化による〝まちづくり〟』を深く研究し、教育するために、一〇年前、文化政策・まちづくり大学院大学設立準備委員会の代表者となり、大震災の現場で生きる〝文化力〟を持つ人々から学びつつ研究し、その成果を社会人大学院で教育しようと決心しました」。底流を貫いているのは、ひとりひとりの可能性への信頼と、個人を尊重するこころである。私たちが池上先生に惹かれるのは、誠実さであり、謙虚さであり、人を見る眼のあたたかさである。

「涙こぼるる」

社会人の大学院大学設置構想から一〇年余り、池上先生は設立資金を確保するため西に東に奔走された。全国に候補地を探し歩いていた。東日本大震災を機に遠野を訪れるようになり、名峰早池峰山の麓に、かつての小学校を利用し、年間四～五千人の人々が訪れる遠野早池峰ふるさと学校があることを知った。大自然のなかに昔のまま佇む学校に都会からやってくる。

この地の魅力を伝えているのは藤井洋治先生である。長いこと農業高校の教員をされ、母校遠野緑峰高校の校長を務められ、今は同校の同窓会長をされている。いつもにこにこしていて藤井先生に頼まれたら誰もが断れない人望がある。

池上先生は、ここに集まってくる人たちが実に生き生きとし、それぞれの個性をありのままにあらわしていることにこころ魅かれた。大自然がそうした雰囲気をつくり、人を包み込む藤井先生のあたたかさが、ひとりひとりのこころを解放したのだった。

一昨年の夏、藤井先生の住む住田町上有住土倉において、風格のある古民家を譲りたいとの話があり、この年の秋に古民家の購入が決定した。

この年、二〇一七年の九月から、すでに遠野緑峰高校の校舎に隣接する同窓会館「拓心館」を主会場に、池上先生との語らい「千葉塾」を開催していた。私たちは、毎月京都から遠野の地へ通われる池上先生の熱意に圧倒された。それはすぐに尊敬となり、最も大切な人となった。

池上先生の悲願であった学舎が確保できたことから、開校に向けた模索が始まった。開校日を「二〇一八年五月三日」とした。初めての経験であり、手探りで準備を進める。会場設営のあり様、祝賀会の雰囲気、案内名簿の検討など毎月毎月話し合いを重ねた。申し合わせたのは、こころのこもったあたたかい、手づくり感のある開校式典、祝賀会にすることだった。

なぜ、池上先生は住田の土倉の地に学舎を定めようと決意したのであろうか。気仙川の源流、緑豊かな大地で、この地を生きる人々が、自分らしく生き生きと暮らしているすがたにこころ魅かれたのである。かつて故・佐熊博住田町農協組合長（後の住田町長）は、「住田は、生きるに値する町である」と、機会あるごとに話し地域民を鼓舞してきた。

二二年前、中央大学経済学部の大須眞治教授が指導する大須ゼミナールが、住田町上有住の土倉を現地調査した。藤井洋治先生の長男剛君の熱心な〝調査地勧誘〟運動があったからである。東京からの距離、経費、調査日数を考え大須先生は躊躇していた。が、剛君の波状攻撃の〝勧誘〟は止むことはなかった。大須先生はついに決断した。

この地に来て驚いたのは、愚直で、誠実、真面目な人たちの日々の営みのすがたであった。この地を生きる人々の日常が一冊の本になった。二〇一六年六月に刊行された『源流の集落の息づかい――岩手県住田町土倉をみつめて』である。文面に、行間に、登場人物のおひとりおひとりの個性、表情、しぐさが思い浮かぶ。

昭和四〇年代頃まで、住田町の北部に位置する五葉地区を「甲子《カッチ》」と呼び、奥地の小さな閉ざされた場所をさげすんだ。昔も今もそこに住む人々のこころ、営みは本質的に大きく違っていなかったはずなのに「甲子太郎」といわれてきた。少しだけ便利であること、少しだけ開けていること、少しだけ物が豊かであることだけを優位に感じ、「五葉」を劣位に置いてきた小さい乏しいこころ根がそこにあるのではないか。

「文化」「進歩」「発展」のモノサシが新しいもの、大きいもの、珍しいものにあてがわれ、それを価値基準に据えることを疑わない社会の風潮があった。東京から見た岩手がそうであり、盛岡から眺めた住田がそうではなかったか。そうした眼は、小さな集落に向けられてきた。人が人として自分らしく生きることが尊いことであるはずなのに、そのことがスッポリと抜け落ちている。土倉に生きる人々が誇らしげに描かれている『源流の息づかい――岩手県住田町土倉をみつめて』はそのことを気づかせ清々しい。この本は、この地に生かされていることの尊さを教えてくれるのである。

大学院大学設置のために寄付をいただいている七〇〇人ほどの方々に送る『ふるさと創生まちづくり学通信』創刊号（二〇一八年一月一日）で、編集人である池上先生は「編集後記」に次のように書き記す。「気仙川源流での多くの方々とのであいで人生観がかわりました。こころの通いあう方々が日本人であり、ふるさとを持つ方々でありました。ふるさと学校づくりに一層精励いたします」。

池上先生は、学生運動が激化するなか、素手で真正面から学生と向き合い、学ぶこと、知を身につけることの大切さを説き、人間の存在を置き去りにした経済政策に警鐘を鳴らし、社会人の大学院大学で〝いのち〟を取り戻したすがたを自身のちからとしてきた。日本を代表する経済学者である池上先生のこころを包み込んだのは、土倉の風土であった。先生は、自身の心境を歌にされた。

貴重なる　生命を沈めし　気仙川
時ありて　なお美しさに　涙こぼるる

私は、吸い込まれるように一字一字を追った。繰り返し追った。ひとり決意を固め、孤高の道を歩んできたすがたを思うと、いつしか涙で文字がかすんでしまった。生命を生み、生命を育む農山村。すべては、大自然につつまれて生きている。真の豊かさとはいったい何であろうか。四四年前の学生時代がそうであったように、今あらためてそのことを考えている。

希望と勇気のシンポジアム

二〇一九年一月一八日。六四歳から八二歳までの一二名が京都大学時計台記念館二階の国際交流ホールに立った。住田町上有住土倉のふるさと創生大学に学ぶ研究員は『「文化資本の経営」シンポジアム——国際文化政策研究会』でどんなことを感じたのであろうか。三人の感想を紹介したい。

初めに、大船渡市の伊藤圭子さん（六五歳）。「最初は京都旅行と聞いて、それだけで行きたくなった。後で『発表する』と聞いた時にはドキドキしてしまった。当日は緊張して倒れてしまうのではないかと思うほどだった。初めてああいう大学の先生のお話を聴いて『こういう世界もあるんだなぁ』と感じた。池上先生は終始笑顔で接してくださり、ひとりひとりのお話を大切に聞いておられたことに感銘した。不安いっぱいでしたが発表できてよかった。自信にもなったし、誇りにもなった。京大のシンボル〝時計台記念館〟で発表できたことが一生の思い出になった」。伊藤さんは、紺野貴代子さん、阿保和子さんから引き続き、佐藤霊峰の歩みの一節を朗々と読み通した。最後に朗読された志田裕子さんへ弾みをつけてつないでくれた。

次に遠野市から参加した奥寺カホ子さん（七五歳）。「一緒に行った人たちに感謝・感謝です。無事二泊三日を過ごすことが出来ました。京都の大学で、岩手県人のすばらしさを感動しながら聞くことが出来ました。貴重な場において、生涯学習を体験出来ました」。カホ子さんのあたたかいこころが、私たちの気持ちを明るくさせ、和ませてくれた。

最後に、サケ・マスの漁獲高日本一を九回取った漁労長、船長の経験をもつ気仙沼の小山正敏さん（八二歳）。「最高のシンポジアムでした。様々な先生方のご発言を聴くことが出来ました。九二歳になられた先生は、張りのある声でかくしゃくと話され、私の希望になりました。私はまだ八二歳、あと一〇年はあるので、歳をとったなんて言っていられません。一緒に行った仲間は最高の人たちでした」。案じ、案じ、案じられながらの旅は、小山さんの最後の言葉に言い尽くされている。

緊張と不安のなかで臨んだシンポジアムの発表であったが、杞憂であった。ひとりひとりの表情に充実感、満足感があった。このシンポジアムに出席されたなかに、まだノーベル賞をあきらめていない先生がいたことを後で教えられた。著名な知識人も多く参加されていた。

日常の足もとに常に未来につながる幸せのかたちがある。そのことに気づくとき、人は生き生きし、生気を取り戻す。人は年をとっただけでは老いるのではなく、希望、情熱、意欲を失うとき人は老いていく——サミエル・ウルマンの『青春の詩』が私たちに希望と勇気を与えてくれる。池上先生は、国際文化政策教育学会での発表という最高の舞台を私たちに用意してくれたのだった。

思索の回廊

幾重にも幾重にも山が連なっている。気仙川の源流、住田町上有住の土倉地区の風景である。集落のほぼ中央部に全面的な改良が施された築一〇〇年を超える古民家がある。ふるさと創生大学の学舎である。

この家の西側に長さ七間半（約一四メートル）、幅二間半（約五メートル）の部屋がある。自然石の束石《つかいし》に大引《おおひき》がまたがったままで、根太《ねだ》も床板《ゆかいた》もない。作りかけそのままのように見える。稲わらを混ぜあわせた土壁は小割にした竹で組み込まれ、その間から壁土が迫り出ている。これらがぐるりと見渡せるように東側から西側に向け直角に曲がった廊下が配してある。

初めて目にしたときは、「なんて無駄なことを。もったいない。建物の半分を作りたてのままにして」、と思った。が、しばらく佇んでいると、この空間が語りかけてきた。この家を造った人たち、ここで暮らした人々、この家とともにした喜びや悲しみ、誕生や別れ、食事や語らいのすがたである。

未完にして完成である。その覚悟と構想に感嘆した。アダム・スミスに学び、行基や空海、二宮尊徳の遺徳を大切にされる池上先生ならではの設計思想である。ここには、ひとりひとりの生きられてきたすがたを尊重する考えが象徴的に表現されている。それは池上先生自身の生き方そのものである。

ここにいると思い出す。家中を使い養蚕をしていた当時のことを。もういない祖父母や父母、たばこをつるした座敷、飯台を囲んで大勢でにぎやかに食事をしたことを。懐かしさが静かに、ゆるやかに湧いてくる。池上先生はこの空間を「あつもり草」と名付けられた。この学舎の裏の山々に、かつこ花（アツモリソウ）が群生していたことに因んでの命名である。

「文化資本の経営」シンポジウムから一ヶ月後の二月一七日に、ふるさと創生大学 学舎 完成記念式典が行われた。池上ゼミナールの卒業生、飯田昭孝さんから希望と期待が込められた歌が寄せられた。恩師への思いがあふれる。

海山の
働き学ぶ人びと集い来る
住田に建てり
永久の学び舎

山あいの静かな学び舎に、全国からあたたかい眼差しが注がれだした。思索の回廊「あつもり草」は、訪れるおひとりおひとりを照らしてくれるに違いない。自分はどこから来て、いずこに伺うのか――、過去と現在、そして未来につながる時間がこの回廊に内在する。

哲学の道

「ここに『哲学の道』ができる。ハイデルベルグ、京都に続く哲学の道である」。池上先生は、住田町上有住の土倉集落に浸ることとの重要さ、大切さを「哲学の道」として確信されたように話された。ここの緑豊かな大地、あたたかな人情が、この地にふるさと創生大学を誕生させ、「哲学の道」をも構想させたのである。

和しているものには美しさがある。いのちの源である自然がそうである。ここの集落にそれがある。ケヤキやクリ、サクラの広葉樹、マツ、スギの針葉樹が風や雪をしのぎつつ、等しく太陽を受けている。厳冬、猛暑、豪雪にもちからを合わせて耐えている。集落に張り付くように畑や田んぼが山裾に広がる。自然のちからを生かし、工夫を重ね、山野を耕し、拓いてきた土地である。気仙川の水が水田を潤している。

ここには、中世歌人、鴨長明、清少納言、兼好法師のこころにつながる四季の風景がある。春の花、夏ホトトギス、秋ヒグラシ、冬景色（『方丈記』）、春は夜明け、秋は夕暮れ（『枕草子』）、春は鳥の鳴き声、春霞、梅の花の香り、山吹や藤（『徒然草』）。日本の三大随筆に歌われる季節の移ろいが時間と空間を超えて、この土倉の地につながっている。

自然は人のこころを和ませる。アダム・スミスは『国富論』の執筆に疲れると、カコーディーの街を通り、慣れ親しんだ海岸に散策に出たという。自然のしなやかさがスミスのこころを癒し、創作意欲を回復させ、国富についての探求をよりいっそう深めさせたことだろう。

ふるさと創生大学の「哲学の道」は、人と人との確かなつながり、自然に包まれていることの尊さ、人々のたゆまぬ努力のすがたを実感させるだけでなく、それぞれの内面世界との対話を促す。自己と他者を回顧させ、自然と人の調和を示唆するのである。

かつてシカゴ大学や東京大学で教鞭をとられた故・宇沢弘文は「富を求めるのは道を聞くためである」と話されたが、ここふるさと創生大学の「哲学の道」は、人として、社会としてのあり様を問い、考え、見いだす「道」である。

人はだれも、迷い、悩み、もがきながらもたゆまぬ努力をしている。その事実や、その足跡を大切にしていくことこそが、自らの人生を充たす。遠野早池峰ふるさと学校がそうであったように、ここに浸り、ここに佇み、裸の自分と向き合う時間が、この地の自然、この地の人々、そしてこの地の営みのなかに豊かさがあることを気づかせてくれる。

池上先生は、「人間を人間として尊重することが大切なことだ。それが農村にはある。人を大事にする思想が農村の魅力であり、そのことこそが今の日本にとって必要だ」と話される。土倉集落のまわりを巡るふるさと創生大学「哲学の道」が予感させるのは、『未来につながる幸せのかたち』である。

生への回帰

明治から一五〇年あまり。この国を形づくってきた先人が希求した思想は、平和で幸せな社会の実現であった。しかし、経済効率が優先し、市場原理主義が貫徹された今日にあって、文明が進むほどに人の孤独感、疎外感が増し、救われがたくなっている。本来、主体としてあるべき個が社会や組織のなかに埋没され、ひとりひとりの存在が薄く、危うくなっている。

池上先生は、人が身につけてきた創造的力量を文化資本と名付けられたが、その背景には先生自身の苦い体験がある。「私は、人間が血で血を洗うような生存競争のなかで生まれ育ったので、生存競争の対極にある人間愛に強くひかれた。それ故にであろうか、人々や国々が相争うのではなく、平和的に共生できる世界を希望し、これを人類共生の基礎に求めた」。

共生とはどんなすがたであろうか。あの東日本大震災で仙台のご自宅が全壊した東北学院大学元副学長の佐々木俊三先生は、自らの経験を通して、共に生きることの根源を食べあうことと、住まうことに発見されたのだった。

私は「地域」を考えるとき、いつも脳裏に巡るのは、俊三先生の地域を見る眼の深さであり、あたたかさである。俊三先生は、二〇〇七年に開催された「東北学院大学気仙地区開放講座07'」において次のように話された。

「私は、小さきものの諸形態が好きです。傑出したもの、大きなもの、そして鮮やかなものは言うまでもない、それだけで耳目を集めるでしょう。しかし、小さきものにも、背伸びせず、かといって卑下もしないで、自足という均衡におのれを制している美しさが秘められているように思います。置き忘れられたその美しさに気づくには、それなりの眼差しの洗練と想像力、そして何よりもそれを愛するこころが必要とされます。『地域』とは、そうした小さきものの諸形態だと思います」。

俊三先生の眼は、忘れた価値と、その存在に注がれる。多様な存在そのままに受け入れていく大切さの指摘である。私たちは、高度経済成長以降続いてきた産業化、工業化、都市化こそが社会の進歩であるという価値観に縛られてきたのではないだろうか。俊三先生は、社会の風潮や常識を懐疑し、焦点化し、正当な評価を与える。

今の時代こそ大切にしなければならないことがあるように思う。自然と人間の調和、「自分は、ここで、こうやって生きている」という地に足の着いた生き方、そして、それぞれの存在を認めあい、尊重しあうこころである。今の経済システムは成長を目的に組み立てられ、成長を追えば追うほど幸せから遠のいてしまう。それゆえに今求められているのは、ひとりひとりを大切にし、共に生きることを尊ぶことである。人々が望んでいるのは人との絆、こころでつながった人との交流である。

初夏のやわらかな陽ざしに恵まれた六月二日、ふるさと創生大学の学舎に近い、県道そばに新たな畑が誕生した。「ふるさと農園」である。この地に住む藤井勝則さんが農地を無償で貸してくれたのである。車一〇数台は優に停まれる駐車場と、一反五畝の圃場《ほじょう》である。農業高校で教員をされ、母校遠野緑峰高校の校長先生をされた藤井洋治先生とお二人で整えてくれた畑である。真っ黒いマルチビニールの五つのラインが規則的に並んでいる。毎日、毎日、藤井先生と勝則さんが畑を見守る。勝則さんはトラクターで耕起し、マルチとマルチの間、周囲の草を取り除く。手を掛けた圃場は、競馬場の馬場のようにふかふかしている。

ここにトマト、キュウリ、枝豆、サツマイモ、長芋、スイカ、カボチャが植えられている。農薬を使わない有機栽培である。お二人には新たな構想が膨らんでいる。畑でじかに野菜を見ていただき、その場で購入する販売方法である。道路わきには、車で走りながらも見えるような大きさで「ふるさと農園」の横看板が設置されている。書家で、ふるさと創生大学の事務局長をされている阿保和子さんの見事な筆致が、藤井先生と勝則さんの思いを語りかけてくるようだ。私たちのこころのうちに、一本一本の苗の成長を楽しみにする思いが芽生え始めている。希望と期待がこの「ふるさと農園」に込められる。

藤井先生は、「この地域の人たちがここに住み、暮らし続けることに誇りを持つことが大事なこと。ここの暮らしそのものに価値があるのだから。ここの地域住民こそが『学校があって良かった』と思うようにならなければ」と、以前話された。――自信と誇り、愛着のこころを、学舎で、思索の回廊で、農園で、そして哲学の道で、共に耕していきたい――藤井先生の願いである。

住田は縄文の里である。気仙川とその支流にびっしりと張りつくように遺跡が並ぶ。私の住む上有住天嶽の小松地区にはわずか一五〇メートルほどの範囲に小松洞穴、小松Ⅰ、小松Ⅱの三つの縄文早期の遺跡がある。六〇〇〇年～七〇〇〇年前の人たちの営みの証である。

縄文人は、小松峠、赤坂峠を越え、二〇数キロ離れた三陸海岸を往来していた。小松峠は大船渡――住田町上有住八日町の宿場町――遠野へと結ぶ要衝であり、後に海の幸を内陸部へ運ぶ遠野街道となった。〝現在〟を捉えるとき、近づき過ぎると実像は見えにくいが、時間と距離を置くと、輪郭がはっきりしてくる。縄文を通し、長い眼で見ると、近代がより確かに見えてくる。

結びにあたり、「文化資本の経営」シンポジアムが語りかけているものは何であったろうか、そのことを考えあいたい。

シンポジアムが問いかけているのは、混沌とし不透明感が消えない今日にあって、未来につながる幸せとは何か――であったように思う。生活が便利で、華やかになることではなく、堅実に暮らし、日常の些事を大切にし、多少の不便さのなかにも幸せを感じる生き方である。

そのために、ひとりひとりが出来ることはないだろうか。

・生きること、生かされていることの意味を行動に表していくこと。

・風景や景色を意識して捉えること。
・他者や自己の歩みを顧み、思索すること。
・知識や経験、情感を交換しあうこと。
・かたちが失われ、消え去ったものを心象風景として想像すること。

これらは、ささやかで、目立たない、地道な営為なのかも知れない。しかし、これこそが時流に流されず、自らの尊厳を手繰り寄せ、矜持を取り戻す道である。「自分は、ここで、こうやって生きている」ことを自ら知り、認め、他者を尊重する生き方は、ひとりひとりが学びあう育ちあうふるさと創生大学の開学精神に通ずる。

私たちは、近代が喪失してきた価値とその存在に思いをいたし、それぞれが主体としての個を持ち得たいと思う。住田町上有住の土倉の地に、ふるさと創生大学、思索の回廊、哲学の道、ふるさと農園を訪ねてはどうだろう。池上先生の一三年間の努力が結実し、誕生したふるさと創生大学のこころは、自然のなかに、人のうちに、その営為にある。「文化資本の経営」シンポジアムがそのことを今も語りかけてくる。足元に、過ぎてきたなかに、存在し続けている〝未来につながる幸せのかたち〟である。（おわり）

2 共に歩んだ道——池田清氏の神戸研究

池上　惇

おかわりありませんか。

ご高著、『神戸——近代都市の過去・現在・未来』（社会評論社、二〇一九年）、拝受しました。

まず、何よりも、「あとがき」を拝読。君の愛妻のこと、心に染み入りました。ご生前、若手研究者の支援や、岩手の高校生支援、大学院大学設立などで、たびたびの無理をお聞き届けいただきましたこと、今も深く脳裏に刻み込んでおりますが、いつもご夫婦でご支援をいただき感謝あるのみです。

神戸市の過去・現在・未来へと続く基本構成。発生過程から、市民の生命・生活と、富国強兵政策の二重性を刻印されつつ、戦争と大災害に翻弄されたまちという特徴づけ。

この厳しい中で、市民が外来文化を我がものとする高い力量を、生活者と支配機構という二重性を往復しながら次第に身につけていく姿は、日本文化の典型的な姿でした。

このような、たくましいレジリエンス精神・開拓者精神を基礎として、神戸を描き出したこと。その尊い本質を戦争や偽りの震災復興に利用しようとする巨悪への怒り。

田中正造の言葉とともに、妻に捧げるという気持ちが伝わってきた。

この著書が池田さんご夫妻の神戸を愛する生活者としての気持ちを正確に反映していてことに、心より共感した。
ありがとうございます。

また、最近池田氏は幸福についても考察され、B・S・フライなど、スイスの幸福度研究にまで言及されており、文化経済学を研究してきたものとしては、「本命」に迫られた感あり。ここまで、踏み込んでいただいたこと大変に有難い。

とりわけ、幸福感における「健康、人間関係、自己決定」への言及は核心をつくものと思った。というのも、わたくしは、A・センのいう「能力貧困」「所得貧困」の総合的な把握にかねてより賛成しているからである。さらに、能力貧困においては、「学習による潜在能力開発の機会を剥奪する生存競争システム」「生存競争システムを支える官僚制（金権・独占権・政治的支配権を背景とする）」の研究と解明を重視してきた。

人間は大災害や戦争、大量生産・大量消費・大量廃棄企業のリストラ、原料高・製品安・重税による倒産、非正規雇用などによって、貧困状態に叩き落される。そのとき、裸で、生存競争システムや官僚制と向き合ったとき、希望を失い、ひきこもり、自殺となることなく、勇気をもって立ち向かうことができるのは何故なのか。

所得もなく、学習機会もない状態であっても、日本伝統の職人の手仕事精神と力量があり、内面の自由・自立して生きる健康があり、支えあう場があり、自由と自治権があれば、「苦しいとき、困ったときこそ、お互いさま」と言うことができる。

苦しみなど負の経験価値を互いに理解しあい、生き抜く人間としての尊厳を評価しあう力量を学びとり、ともに育ちあって、生きる歓びなど正の経験価値に転換できる。

このとき、知識人として巨悪の構造を知り、支配秩序のなかにも多くの友を持つ人々が、人としての交流や相互尊重の中で既成の知識を生かして支援する。

さらに、生活者からの学びで創意工夫しつつ、創造性をもってこの転換を支援し、生きる苦しみや歓びに共感しながら、ともに生きる。

すなわち、相手の苦しみに共感できる力量があり、互いの個性や違いから学習して創意工夫する力量があれば、市民は自分の意志で自分の生きる環境を変化させることができるのである。この過程こそ、人間発達の知識結《ちしきゆい》ではないか。このことを実感した。

若いころ、K・E・ボウルディング（Boulding）の著作を読み、共感の力量という、A・スミスにもある人間の内発的道徳感情を発見できたと歓んだものだが、いま、改めてこの著作を読み返すうちに、このような記憶が蘇ってきた。感謝あるのみ。

それは、次のような一節であった。

「ここに、〝真の〟寄附について、つまり、個人的な歓びにおいてでさえ、特定できる〝見返り〟のためではない贈与をみることができる。本当の道徳的な違いは、自己の利益を増殖するための、うぬぼれや欲望、あるいは単に流行的だというだけでついていく欲望などから与えられる贈与か、または、寄附の目的を持った真の共感という感性から与えられた贈与か、の間にあらわれる。

私が、真の博愛とみなす要素であるのが、この共感力という感性である。博愛という名前そのものは、もちろん、人の愛を意味し、真のものごとの本質の糸口を得る。

本当の贈与を行う時、その理由は、私たちは自分が受益者と一体化しているからである。たとえわずかでも、それが高邁な価値あるものとは限らず、自惚れや自画自賛に簡単に変質しようとも、――神のご加護というよりも、普遍的な公正――、つまり、たとえ小さくても、小さいながらもアイデンティティの告白である。自己を他者に置き換えるための共感がここにあるからで、それは、真なる贈与の源である、他者の歓びや悲しみを自分自身のものと感じられる能力である。

その理由は、〝人は孤島ではない〟からであり、人類愛に共通のものがあるという一種の感覚に、私たち自身のアイデンティティの現実なるものが投影されているのであり、私たちは、私たち自身を〝つきあいや交流の中で〟かつ苦難を共有しようと思っている。

これは、その言葉が自惚れや流行によって支配される前の〝慈善〟である。それは、ある人の効用について、自分の富や収入という機能としてでなく、他者の富や収入という機能としても、捉えることによって、効用理論において極めて簡単に取り扱うことができる。この仮説は、後述するように、交換の理論を必ずしも破壊するのではないが、しかし、利他主義が、交換する二者の効用機能が両者の間で商品物流の可能な領域を超えて特定できるところまで、拡大しているのだ。

この場合、参加者は単に領域内で相互最適化に素早く移行し、贈与あるいは交換によってこのことがなされるかどうかはほとんど無関係である。しかしながら、こうしたことは極めて起こりにくい。私たちは、隣人を愛するが、我々自身を愛することと、まったく同じではない。隣人が多くを得れば私たちも少しは何かを得るように感じて、私たちは隣人の豊かさを本当に歓ぶが、ある時点で、この他人に成り代わった歓びを、自分自身が不憫であるという不満の気持ちが上回ってしまうのだ。一度この事実を受け入れてしまうと、交換が再構築されてしまう」[1]。

うぬぼれや流行の世界をもご存知の、池田氏は、金もうけや支配欲のために開発された科学技術や社会システム、教育システムについても詳しく知っておられる。

ボウルディング、A・スミスの共感力に、ここからの知識が加われば、二重の世界を往復できる、「二刀流」の威力が発揮できる。

敵を知り己を知れば百戦危うからず?!

以上がこの書物からの感想である。

3 社会人と留学生に博士の学位を——十名直喜氏の定年に思う

「経済学も経営学も科学である前に、人間学、人間とは何かなどの価値観、いわば哲学が重要な位置を占める。

十名の場合、研究の仕方やアプローチだけでなく、そこから紡ぎ出した産業論そのものも、機能的・文化的アプローチとして、働き様や生き方そのものも不可欠な要素として織り込んでおり、より深くかかわっている」。

これは、私への私信で、十名氏が述べられた一節である。ある大学での研究報告で披露された由。感動した。

また、十名氏から、博士論文取得者へのメッセージを郵便でお送りいただいた。ここに紹介して、読者への贈りものとしたい。

十名直喜『働き学ぶロマン』へのコメントとリプライ

1 「働き学ぶロマン」を拝読して

（1）小が大を制す醍醐味

「働き学ぶロマン」の醍醐味は、会社において異端の処遇と体験のなかで、それをバネとし、働きながら学び研究することで、自らの生き方を切り拓いた道程が、リアルに描かれている点にあると思います。

もっというならば、一人の社員が、学び、研究するなかで、会社と闘い勝利をおさめたストーリーと感じました。なぜ、そのように思うかは、会社は、不遇な人事という圧力をかけ続けるなかで、それに潰れず、自尊心を守り抜いたと思うからです。それができたのは、学ぶということ、研究するということ、誰にでも誠意を持って相手に向き合うこと、それによって得られた周囲の応援などがあると思います。

そして、大学への転職という節目は、自分のしたいことを手にしたということで、「勝利」と感じました。まだ、この闘いは先生のなかで続いているのかもしれませんが……。

学び、研究するという力で、小（個人）が大（会社）を制すことができた捉えることができるように思います。働き学び研究することは、自分自身の人生を豊かに生き抜く力になるということが伝わってきます。

というなかでは、なぜ会社は、このような人事を許したのか、どんな不安と怯え、妬みなどがあったのか。それは会社のどんな体質からなのか知りたいという思いにもかられました。昨今の不祥事は、このような体質と繋がっているのではないかとも感じました。

（2）日誌の効果

日誌が残されていて、それを文書に織り込んでいることで、とてもその時の心情が伝わってきました。とくに、仕事と研究の壁からスランプに陥って、精神的にも闇を抱えていた時、そこからの克服を綴ったところはその時の心情が伝わってきました。

（3）社会人大学院での生活

先生の人生にとって、会社での不遇な人事が影であるならば、大学院へ入学し、大学院で学び研究活動をされる過程は光の部分として、イキイキと描かれているように思います。

とくに、産業論研究会での研究や仲間との交流、修士論文を書き、さらに博士課程への進学、その後の研究活動での描写は、本当に、学び、研究をされることが好きなのだということが伝わってきます。好きなことを続けたことが、大学への転職へとつながっていくのだと思いました。

しかし、大学への転職が決まった時、先生の知人の方が「〝働きつつ学ぶ〟活動の終わり、挫折」と言われたと書かれています。私にはこの意味がわかりませんでした。

私は、大学への転職は、働きつつ学んだことの成果と感じました。苦境の中で、学ぶ、研究したことで辿り着いた道であり、この学び研究することが、人間にとって生き方を豊かにするということを実体験で示していただいたように思うからです。それは、社会人大学生として学んだ一人として希望の光でもあります。

この点を、定年退職を迎えた今、先生はどのように思われるのか聞いてみたいです。

（4）ドラマとして描く

もし、この「働き学ぶロマン」を論文でなく、ドラマとして描いた場合は、時系列でまとめあげるより、インパクトのあるところをリアルに描かれる方が、読者としては興味をそそられると思いました。

例えば、私が先生の作品を拝見して描いたのは、佐藤浩市が主人公で、「退職願い」を会社に提出する（送別会で、大勢の社員に見送られる……）ところからストーリーが始まり、その後、これまでを回想する……というようなイメージです。

（5）今後読んでみたい点

・社会人学生を指導する上での、面白さと苦労

・「働き学び研究すること」が実現できる社会や社会人大学院のあり方

・先生は「退職時の無念」ということをおっしゃっていましたが、何が無念と思われるのか……？

など

2　社会人大学院生へのコメントへのリプライ

（1）「怨念」と「無念」

実に面白く刺激的なコメントをいただき、ありがとうございます。

会社での「異端の処遇と体験」は、実に辛くやるせない体験でした。その傷は深く、うずきを感じることが今もあります。大学に赴任して間もない頃、若い先生から「なぜ、それほど精力的に研究されるのですか。その推進力は何ですか」と聞かれたことがあります。「怨念です」と応えたとのこと。「衝撃的な返答で、今も覚えています」と当先生から言われたのは、退職時のことです。四半世紀を

経てのことですが、今の私なら「無念なこと」と応えたことでしょう。

今にして思えば、製鉄所での二一年間は珠玉のような体験でもあったといえるでしょう。それは、深い影ともセットになっていました。三〇歳代になると、会社の処遇は厳しさを増して無念なこともあり、「見返してやるぞ」という思いに駆られることが少なくありませんでした。自らの拠り所とする研究面でも、思うように進まなくなり焦りが強まります。会社と研究という二つの壁にぶちあたり、悩みが高じて精神的な不調にも陥ります。その袋小路から脱出しようと必死にもがいたのが、三〇歳代でした。

その逆風の時代を、挫けずに全力で立ち向かったことが、三〇歳代末からの反撃の土台になったと感じています。

（2）「退職時の無念」――「四〇歳台の無念」との比較

「怨念」という表現には、「会社の仕打ち」への無念、「こんなはずではなかった」という自責の念、「見返してやるぞ」といった種々の思いが、込められていました。

一方、「無念さ」という言葉には、精神的に追い込まれスランプを招いた自らの弱さや至らなさへの反省も含まれています。

大学に転じて間もない四〇歳台の頃は、「怨念」がピークに達していたようです。しかし、年を重なるごとに、自らの非力さや至らなさへの反省が高じ、「怨念」から「無念」へと変質していったように感じています。「怨念」は、自らへの過信によって増幅されるといえるかもしれません。「過信」というメッキも、年を経るごとに剥げていきます。自らの至らなさを思い知り、「無念」へと収斂されていったといえるでしょう。

今や「無念」は、大学27年間の仕事・研究・人生にも当てはまるように感じています。全力を尽くすも、その思いやエキスは数分の一しか伝えることができず仕舞いで、すべて自らの研究力と人間力の至らなさと感じています。

この「無念」は、七〇歳代の研究を支えていく力になりうるかも、また力にしたいと思っています。

（3）小が大を制す醍醐味と研究力

「会社と闘い勝利を収めたストーリー」「小が大を制す」は、身に余る評価といえましょう。半ばそう見えるかもしれませんが、しっくりこない感もします。

会社の理不尽と必死に闘っていたのは確かです。ただ、その矛先は一つの会社だけでなく、鉄鋼産業さらには日本的経営へと向けていきました。その視点や方向性がより明確になったのは、三〇歳代終わりに社会人大学院に入ってからのことです。大学に転じて数年間のうちに出版した三冊の単著書は、いずれのそのような視点から掘り下げ体系化したものです。研究の推進力としての「怨念」は、一会社を超えて鉄鋼産業システムさらに日本的経営を軸とする社会経済システムへと向けられていました。

鉄鋼マンが大学に転じて、「自由」になるや即、高炉メーカーの主導する鉄鋼産業システムおよび日本的経営への批判と再生への処方箋を出版しました。「小が大を制す」とまではいかないが、一矢報いたといえるでしょう。

理論的には、「怨念」から「無念」へとシフトしつつある段階であったといえます。ただ、感性レベルでは、また体感的には、なお「怨念」が鳴り響いていたといえるでしょう。

（4）「働きつつ学び研究する」醍醐味・力

「小が大を制す醍醐味」は、「働きつつ学び研究する」活動がもたらすパワー、社会人研究力といえるかもしれません。

仕事の本質や面白さは、深く研究する中で見出されることが少なくありません。職場や経営のあり方、産業全体の流れを俯瞰し、歴史的・理論的に捉える力にもなります。そうしてこそ、「小が大を制す」ことも可能になるでしょう。

なお、社会人研究者の魅力や彼らの博論を指導することの面白さや苦労については、これまで何回か論じてきました。十名『ひと・まち・ものづくりの経済学』（二〇一二年、第三部第一〇―一一章）は、それらを編集したものです。

（5）大学人の社会人研究者観――アカデミズムの壁と現場力

社会人研究者を見る目は、この三〇―四〇年間で大きく変わってきているように感じられます。二〇歳代の頃の風当たり、壁の高さは、想像を超えるものがあったようです。

最初の論文「大工業理論への一考察（上）」が『経済科学通信』に掲載されたのは、一九七三年秋、二五歳のときでした。京大の修士論文を凌駕しているとの評価もいただきました。当時の修士論文は、今の博士論文並みかそれ以上の価値がありました。多くの人は、修士論文の力で大学に就職していったのです。幾つかの学会でも、発表しました。

そうした活動は、民間労働者ではありえないこと、とみられていました。基礎経済科学研究所でも初の快挙で、七〇―八〇年代における基礎研の快進撃への大きな弾みとなりました。

そうした活動を快く思わない大学教員も少なくなかったようです。さる学会でのこと、若い大学教員から「君のような民間人が活躍すると大学教員の存在価値が危うくなる」と批判されたことを今も覚えています。

一方、基礎研での労働者研究者のモデルともなされてきました。「働きつつ学ぶ」という理念も、二五歳のときのわが随筆のタイトルが起点になったとみられます。在野で研究することの意義を論じていた者が大学に転じる、それこそ「在野研究者の敗北」だと。そのように、映ったのでしょう。

名古屋学院大学でも、一九九二年までは企業出身者はほぼゼロだったようです。私の直後に、東海銀行の経営者から赴任された方がいます。社長としての出向先で暇を持て余し二冊の本を出版して、それでもって大学に転じたという強者です。それから四〇数年が経ち、企業など現場出身者の大学教員もずいぶん増えました。

今もなお、現場出身の大学教員を見るアカデミズムの目は厳しいものがあると、池上先生から幾度となくお聞きしています。プロパー出身の大学教員の何倍もの研究成果などの力で、そうした壁を超えることができるのかもしれません。

（6）「ドラマとして描く」工夫

「働き学ぶロマン」をドラマとして描いた場合、どうなるか。これは、貴重な問いであり、アドバイスといえるでしょう。

私にとっても、一九九一年秋の「退職願い」の提出は最大のポイントになりました。

名学大への赴任が決まったのは、その一年前のことです。九〇年一二月に電話で連絡を受けました。すべては電話連絡によるもので、証拠資料は何も送られてきません。これでは不安で、会社に切り出すこともできません。退職を一度口にすれば、ひっこめることは出来なくなるので、確かな証拠が必要不可欠です。

そこで、連絡の先生を通じて、採用通知の資料を送ってもらいました。それをもってしても、不安を消えません。そこで、名学大に連絡して、九一年一〇月初めに瀬戸のキャンパスに出かけました。学長と面談し昼食もご一緒にして、タクシー代など交通費もいただきました。

会社に退職を申し出たのは、その数日後のことです。上司としては、円満退職の形をとりたい。そこで、そのような趣旨の退職願を提出しました。

会社側としては、私の「怨念」の行方が気になったようです。一一月には、二週間にわたる海外出張（米国・カナダの炭鉱山などの調査・折衝という題目にて）に行きました。課長という形で退職させようと、退職時期も少し遅らせるなどの動きもありました。しかし、本社人事部としては、これまでの経緯があり「見せしめ」としてのけじめもあって譲れず、実現しませんでした。

この頃（一九九〇―九一年）に学術誌や共著書等で発表した論稿は、反響も高く、それらを軸に編集したのが、一冊目の本でした。「怨念」と批判の対象としたのは、日本的経営であり、日本鉄鋼産業をはじめとする日本的な社会経済システムでした。

なお、二〇二〇年一月刊行の『名古屋学院大学論集（社会科学篇）』（十名教授退職記念号）には、皆さんに論稿をお願いしていますが、私も論稿を準備しています。そこでは、定年退職を起点にして、それまでの半世紀にわたる「働・学・研」融合を総括し、未来を展望するというものです。

クライマックスの「定年退職」からスタートするという点で、ご提案のドラマ仕込みといえるかもしれません。

（7）研究へのこだわりと情熱はどこから来たのか

「働き学ぶロマン」を投稿した頃（一九九七年）、理解のある名学大教員にそっと見てもらったことがあります。「働きながら研究になぜそれほどこだわったのか、わからない」とのことでした。「研究しか自分を生かす道はない」と感じていたからでしょう。今だから、明言することができるのかもしれません。

一九六〇年代後半の学生紛争がピークの時代に、マルクス経済学を学び、学生運動にも参加しました。大企業に就職すると、それらと決別し、サラリーマンとして処していく。有能で活躍した活動家ほど転身は見事で、出世した人も少なくないようです。

私のような不器用な人間は、それが出来ませんでした。むしろ、企業に就職し製鉄所の現場に入ってから研究に目覚める、という全く逆のコースをたどったのです。会社の独身寮にいたので、そうした生活スタイルは、人事・労務管理に筒抜けとなり、にらまれるようになったのです。それだけでは、また許せたかもしれませんが、学術誌や学会誌に寄稿するようになり、これは許しておけないとなったのでしょう。

生き方としては、軸のところは貫いたのではと思っています。それは、不器用な生き方ゆえんでもありました。

ゴマスリは苦手で、天然ボケ、愚直。「ヒラメキが感じられないが、粘り強い」、「昼行灯」。そういった愚妻評を、いろんな場で披露すると、反応がなかなか面白い。しかし、それを言っただけでは、愚妻像は悪くなります。そこで、「週ごと単身赴任で、外食は健康に良くないので、数日分の食事をつくって毎週持たせてくれます」といった別の像も紹介することで、バランスをとってきました。

なぜ現場にあって研究にこだわったのか。幾つか、理由も挙げられます。

アイデンティティとなるものを、他に見つけられなかったから。愚妻は言います。世渡り上手で、会社でも切り抜けて出世していたら、研究は続けられなかったはずだと。

二五歳で「働きつつ学び研究することの意義と展望」を発表し、「働きつつ学ぶ」という理念を羅針盤にしてきたから。基礎研などで、池上先生をはじめ多くの先生方から支援していただいたことも、続ける大きな力になりました。

（8）生き方・研究日誌の効用

三〇歳代前半に力を入れた日誌ではありますが、精神的な苦境が薄らぐにつれ、まだらになっていきました。

日誌を本格的に再開したのは、英国留学から帰国後の五〇歳代前半のことです。研究だけでなく、生活のことも大いに綴ります。月一冊ペースの頃もありましたが、今では年に数冊程度となっています。研究のことや生活のことで少しモヤモヤしてくると、メモして整理する、着想を拾い上げる。そうすると、心が落ち着くし、研究の方向性も見えてくる。込み入ったメールの場合も、同じです。ノートにスケッチし、イメージが膨らんできてから、パソコンに向かうのです。

六〇歳代になって、併行して本格化したのが手帳メモです。大まかな予定を書き込むのも大切ですが、毎日何をしたのかという記録、おこなった仕事項目を箇条書きにメモするようにしました。手帳を見れば一年前、二年前の何月に何をしたのかが追跡できるのです。

むしろ、記憶力がそれだけ減退し、メモを見ないとフォローできなくなったためといえるでしょう。

今回のリプライも、日誌ノートで粗いスケッチをし、パソコンに向かいました。三〇歳代の苦境時に始めた日誌ノートは、今や七〇歳代の友として大いなる力になっています。

数年前、あるいは十数年前のことを、手帳や日誌を手がかりに探すことがあります。殴り書きのようなノートですが、直筆を見ると当時のことが甦ってくることも少なくありません。

＊＊＊＊

十名先生のリプライを拝読して、私の心は、共感と感動で言葉も出ないほどであった。

学習を支援するといっても、大したことをしてきたわけではない。せいぜいが、「自由に学習でき、学びあい育ちあいのできる場づくり」くらいのところである。

その点、京都大学の学習環境は、素晴らしかった。大学構内には、楠の巨木が残っていて、とりわけ、時計台前のものは、いつも、自然や人間の生命力を実感させてくれる。

そのなかに、大きな中央図書館があって、図書と情報検索、司書サービスが整っている。大自然と知的な資産が一体となって、社会人大学院生を迎えてくれた。また、道路を隔てた、西側には、関西日仏学館があった。いまは、改装されて趣はなくなったが、当時は、緑豊かで、そのなかにテーブルが配置されて、ワインやおいしい手料理がいただけた。価格も学生とみれば割り引いていただけたので、本当にありがたかった。

厳しい職場から、ここを訪問されて、学問を志された方々には、かけがえのない雰囲気ではなかったか。

わたくしども、教師は、専ら、聞き役で、「凄い学習意欲だ」と、只ただ驚いていた。

もっとも、教師というものは、取り越し苦労をするものだから、社会人学生が健康を害さないかとか、上司とうまくやってくれよとか、どちらかというと、俗物的な応答をするものだから、おそらく、当惑されたこともあったのではないだろうか。

いずれにせよ、社会人大学院生との学習の場が、純粋な学術的雰囲気で、「教師が教えられる場」

であったことも確かである。社会人大学院生のエネルギーはすごくて、あっという間に、論文や本ができあがってしまう。調査意欲や書く意欲が、書斎学者とはわけが違う。文章力も高く、指導に当たってそれほどの苦労はない。

それはわたくしどもも大学教師の人生にとって、至福ともいえる時間であり空間であった。

4 おわりに——高校生への感謝の言葉とふるさと創生大学憲章

住田と遠野における高校生の個性と創造性

二〇一九年八月に、岩手県気仙郡住田町のホールで、地元の中高生と、遠野緑峰高校との学習研究交流会があった。以下は、この企画終了後に、池上惇から関係者に差し上げた御礼の文章である。

二〇一九年八月一〇日　ふるさと創生大学学長　池上惇

各位

「学びあい育ちあい」シンポジアム（二〇一九年八月三日（土））

ご参加・ご支援に対しまして、ご報告・感謝と御礼を申し上げます。

写真説明：（上）「学びあい育ちあいシンポジアム」開会式；大正琴で「鉄腕アトム」を演奏する地元の中学生たち。住田町役場・市民ホール

（下）遠野緑峰高校の生徒・教職員が構築したオブジェ；みんなでつくりだした「生命力」のシンボル。2019年8月3日。

（上）「関雪白沙村荘の門と表示板」――元苦学生関雪から地元への贈り物で、借景日本庭園と世界を映し出す博物館づくり
（下）「哲学の道の「関雪桜」記念碑」――京都まちづくりの原点・報徳の桜並木と哲学の道

このたび、気仙郡住田町に学舎を創設いたしました「ふるさと創生大学」主催シンポジアムは、住田町立世田米中学校、総合文化部生徒諸君による（地元並びに先生方のご指導による）、大正琴演奏「茶摘み」「鉄腕アトム」で幕を開けました。

壇上、右手には、岩手県立遠野緑峰高校生徒諸君による（地元並びに先生方のご指導による）、ホップ蔓大作「静かに萌える炎」が、満場を照らしております。ここに、ふるさととの懐かしい雰囲気の中で、この地における市民と中学生・高校生とが高くそびえるオブジェの如く、先生方や地元の方々に支えられ「学びあい育ちあう」姿が象徴されておりました。

演奏とシンボル。この地が大震災の試練に耐えて復興を遂げてきた「心がつながりつつ共に歩む姿」を示しており、いまの時代、世界文化が求める希望の灯であったと存じます。

生徒たち、一人ひとりの個性を生かしあった、「世界に希望を灯す力量」を育てられました、各位のご貢献に対しまして深い敬意と心からの感謝を申し上げる次第であります。

高校生及び卒業生、PTA、を通じて、発表の中で示されましたのも、ふるさとに根差す日本文化の姿でありました。それは岩手県立住田高校による「礼儀正しく、品格ある挨拶の習慣を確立し」「生徒、一人一人の個性を生かして人間性・知性を育てる」教育の姿です。

また、岩手県立遠野緑峰高校において、先生方や、地域における篤農家・工芸家・華道家・茶道家などの支援を得ながら、生徒、一人一人の個性を尊重する習慣を確立されましたこと、さらには、一人一人の「研究開発力」「デザイン開発力」「開拓力」などを高められ、華道・茶道・芸術作品の道、さらには、ホップ和紙・伝統野菜漬物産業開発を実行され、全国的な高い評価を確立されましたこと、住田高校のご業績とともに仰ぎ見るべき山の頂《いただき》でした。

両校のご業績は、日本の高校教育が日本の伝統文化を継承・発展させ、生徒たちの創造的な力量を高めていることを世界に示しました。

これは、日本の教育における画期的で歴史的に記憶されるべき到達点であります。

昨今、日本の教育は知識の詰め込みに終わり、創造性の開発において遅れているとの批判がありますが、両校の歩みは、決してそうではないことを事実によって示されました。

両校のご業績に対しまして、改めまして深い敬意と感謝をささげ、本シンポジアムにご参加、ご支援を賜りましたことに対しまして、厚く御礼を申し上げる次第であります。

おわりに、今回のシンポジアムの準備過程におきまして、地道なサポートを頂きました各位に対しまして、主催者からの尊敬の気持ちをお伝えして結びといたします。　謹白

ふるさと創生大学憲章——被災地学校づくりで合意されたこと

被災地で約二年間の学校づくりは、漸く、学舎が完成し、研究棟や体験学習の場、思索の場が出来上がってきた。

これから、学校を拠点にして、復興・地域づくりの第一歩を踏み出す時である。いわば、地域を深く研究し、地域の市民参加を得ながら、自治体とともに、復興・地域づくり構想を固める時期である。この際、わたくしたちは、ふるさと創生大学でご縁をいただいた方々のうち、被災されて家を失われた方々に対して、実際に家をつくりだすところから復興・地域づくりに着手したい。つまり、研究活動の一環として、研究事業として、地域研究に基づく「一軒からの住まい建築」を試みてはどうかと考えている。そのための段取りは以下のとおりである。

(1) 京都・岩手で、三か月間をかけて復興支援基金、一千万円を「投資資金または返済可能な寄付金」として集める。返済可能投資資金・寄付金制度は一般社団制度における「基金」創設システムで提起され、寄付金の税制控除は受けられないが、個人や企業などからの投資・寄付に対して、理事会の決定があれば返済を可能にした制度である。この制度は、超低金利時代において活用すれば相当量の資金を集めて、事業活動を実行できる可能性を持つ。

(2) この資金を投資の原資として、一般社団・文化政策・まちづくり大学校とふるさと創生大学で、企画委員会を創る。企画委員会は、復興・地域づくり研究システムに対して、研究投資として一千万円を投資する。この投資では、震災復興・地域づくり研究会、尊徳仕法研究会など、複数の研究会への投資とともに、広い意味での研究活動として復興・地域づくり構想を試験的に実行し、一種の実験として「建築・地域づくり」を行う。

（3）研究活動としての「建築・地域づくり」においては、ふるさと創生大学にご参加いただいている、コンサルタント、経営者、不動産事業者や、気仙大工をかかえる地元工務店社長などのご協力を得て、コロナ禍に対応できる住居、被災された方の住まいの設計や構想を実行し、無利子無担保融資と結合して、実際に住まいを作り上げ、住まいには民泊や民宿のスペースを設けて、事業活動を展望した新たな住まいを建築する。

（4）被災者の住まいと、新規定住者の住まいをともに構想して、地区を単位とした地域づくり構想の中に位置づける。この研究活動も、つねにふるさと創生大学における学習活動と連携し、各地の資料や文献研究と合わせて行う。そのさい、子供から小中高生、ふるさと創生大学生、社会人研究者など、生涯学習の視点から、地域に開かれた図書館を学舎に新設し、充実を図る。少人数での教育を可能にする学校・福祉施設を充実する。

ここでの学習活動は、ふるさと創生大学が進めてきた、「各人の持つ文化資本」を生かした、書道、お笑い、音楽演奏、歌唱、建築、生活の中の法律、遠洋漁業、震災復興研究、おもてなし研究などなど、多様な研究会活動と結合する。そのさい、次のような学習に当たっての憲章を作成し、共有することとした。ふるさと創生大学憲章の内容は以下のとおりである。

1. いのちの源　自然を愛し、厳しさから学び、共生の道を歩みます。
2. 風土に根差した、一人一人の人生を尊重しあい、人と営為と風土に学びあいます。
3. 自立しつつ自由に生きる力を高めあい、愛し思いやる心を育みあいます。
4. 歓びと苦しみの中から学習し、人生の可能性を発見し、人に潜在する力を信じあいます。
5. 互いに譲りあって共生し、心・笑顔・景観・文化・産業の美しさを感じあいます。

二〇一九年九月七日　ふるさと創生大学

金井萬造先生からのメッセージ

金井先生は、立命館大学の客員教授である。先生は、遠野市や気仙郡一帯での学習活動に当初から参画され、現在も、京都と岩手の間を自腹を切って往復されながら、新たな学習社会の構築に貢献されてきた。

「気仙・遠野の交流が拓く学習観光の時代」

金井萬造　立命館大学経済学部客員教授・京都市民大学院講師

1　気仙地域・遠野上郷地区の文化交流が始まった

二〇一一年三月一一日の東日本大震災は、関西に住み、阪神淡路大震災を体験した私たちにとっても「あの苦しみ」や「地域再生発展への強い思い」を、共に考え、共に歩もうとの覚悟を新たにした瞬間であった。

私は、いま、京都の立命館大学で、観光学の研究教育を行っている。その意味では、〝観光産業振興を通じて「地元固有の農林工芸」を総合的に生かす復興〟を研究してきたと言えるかもしれない。もともとは、京都に本社がある㈱「地域建築計画研究所」の経営責任者として、長らく関西地域の、建築計画やまちづくりに参画し、土木工学の学位を取り、港湾技術者として日本各地の地域再生・発展の助言者でもあった。この経歴から、土木工学というと港湾や道路の建設などを中心とした、復興事業を研究していると思われるかもしれない。

しかし、これらのインフラが生きるためには、「地元の方々の〝いのちとくらし〟を最優先して、地元産業の復興による生活再生活動」が先行しなければならないのではないだろうか。それが私の志であった。そして、地元の方々の〝命と暮らし〟ということになれば、着地型観光事業とか、コミュニティ観光とか、さらには、学習観光という仕事に関心を持たざるを得なかった。

「ご専門が土木なのに、なぜ、着地型観光なのですか」などと質問されることも多い。が、「地元の生命と暮らしを最優先に復興して、生命と生活に必要なニーズを把握し、ニーズに照応した産業振興

――例えば、地元の伝統野菜や草花を育てることや小コミュニティごとに産直市場を創出すること。木工や繊維素材の新たなデザインを開発してインテリアや建築に創造活動を導入すること。などなど――をすすめること」。これが、まず、必要ですよ。これらの動きと並行して、とインフラ整備を並行して進めてこその復興です。そうしないと、「産業も、インフラも立ち枯れてしまいますよ」と言わせていただいている。

このような立場から、このたびは、気仙地域・遠野上郷地区における震災復興・まちづくり研究と行動に貢献できるよう、全力で取り組む決意である。

そこで、「気仙・遠野における〝人が健康や暮らしを高める中で、創意工夫して生きる、地元産業の創造的な発展〟とインフラ整備が共に進む」復興を。

これが大きな課題である。

2　地元の「神」と「鬼」を発見する〝営み〟

私は、住田のふるさと創生大学において、五葉地区公民館に隣接する研究所活動を推進したいと考えている。

その理由は、大学における研究の場は、同時に、「命と暮らし最優先の」地元産業振興を目指す場合には、産業振興に欠かせない「実験の場」でもあるからだ。

何事も、本物の〝命と暮らしを担う産業発展〟など、事業を実現しようと思えば、実験が先行しなければ、成功は覚束ない。その意味では、大学や研究所は地域再生にとって不可欠である。

しかし、大半の地域には大学も研究所もない。

福祉や環境に必要なお金は出してもよいが、「大学とは贅沢だ」という雰囲気が、どこかにあるからだろうか。

しかし、わたくしはそうは思わない。

現代は、世界的な規模で科学や技術が開発され、あらゆる情報が急激な速度をもって世界を駆け巡っている。人を人とも思わない風潮も広がる。

そうなれば、なるほどそのような動きに巻き込まれて過ごす機会が増える。そのなかでスマホとかパソコンの知識や技能は身につく。

しかし、市民にとっては「変化の速度にはついてゆけない」「納得できないものに振り回されるのは、いやだ」「自分の生き方を取り戻したい」「なんとかならないのか」という気持ちが高まってくる。

そうなれば、「現実に人々が幸せ感をもって暮らす地域、住田や気仙、遠野への」関心が高まり、「ふるさと」を想う人々は、ますます増加してくるのである。

なぜ、そうなるのか。

端的に言えば、「各地域には、地域を拓かれた方々の生き方が伝わっていること」。そして、開拓者の伝統の中には、科学や技術を用いて健康を守り、生きがいを生み出してきた人類の経験が、蓄積されていること」があると思う。

「地域の開拓者の経験に立ち返って、農林漁業など、自然と付き合いながら生活すれば、これらの貴重な蓄積から学習して、新たな生き方を発見できる」との期待が高まっているのだ。

私が仕事をしている京都には、「日本の京都があって良かった」とか、「日本の心の故郷、京都」などのキャッチ言語が並んでいる。

なぜ、これらの言葉に魅力があるのか。

それは、この地に来れば、地域を拓いた方々の伝統や創造の精神が今も生きているからである。その精神に触れると、今を生きる意欲や決意が生まれる。

同時に、日本各地には、京都だけでなく、いたるところに、言い伝えられている開拓者がおられる。地域によっては神と呼ばれ、他の地域では「鬼」と呼ばれている。中央の権力者からみれば「鬼」かもしれないが、地元では「神」としてあがめられている。神や鬼を研究すると、そこには、貴重な人類の足跡が見えてくるのである。

3　ふるさと創生大学による研究活動の広がりを

ふるさと創生大学の強みは、歴史や理論の学習と同時に、研究の場や体験学習の場を持っていることである。

気仙・住田の山の中に、古民家を生かした学舎をつくることは、復興にとってどのような意味があるのだろうか。

まず、古民家を改修して、三千万円近くの投資をして地域の気仙大工の方々に仕事の場を提供できる。近隣の各位も、これをきっかけに、地域の環境を整備して、農地などを無償でご提供くださる。古民家は、「学習の場」を生み出し、同時に、地域の避難所や農地や産直市場を生み出す。幼児から小中高の子供たちには、年齢に応じた図書を提供できる。さらに、篤農家や生活者がお茶やコーヒを飲みながら、対話して学びあえる場を提供できる。

古民家を子供図書館や生涯学習の場として生かすことができれば、学習と研究、実験の機会が増えて、この地の伝統である、気仙大工職人や木工、農林工芸の技を生かした、「事業継承の場」が出来上がる。

いま、地域の研究の場として、おそらく、日本一多様な研究会が誕生しようとしている。

住田町五葉地区の公民館長、藤井洋治先生は、遠野緑峰高校の校長先生でああたから、今も、同窓会長として、高校生の研究活動に献身してこられた。最近の、ビッグ・ニュースは、新聞報道された、「遠野緑峰高校の野菜果樹研究班　琴畑カブ、漬物品評会で決勝へ」の快挙である。

藤井先生ご自身も、有機農業研究会をはじめ、アグリ・スクールや、ワインの研究開発、海外の野菜栽培の研究など、多くの研究を手掛けられて成果を上げてこられた。先生が地域にもたらされる貴重な最新情報は、多くの篤農家を励ましている。ここには、「小農経営でも創造性があれば、十分に、やってゆける」とのご経験が蓄積されていて、山間の石ころの多い農地でさえも、先生の手にかかると、「世界一美味しいコメ」の産地に変化する。

有機農業研究会の他にも、いま、構想されている研究会は、研究員代表　小山正敏、文化資本研究会（池上惇）、地域構想学研究会（千葉修悦）、書道研究会（阿保和子）、佐藤霊峰研究会（佐藤安子）、お笑い・お楽しみ研究会（菊池長、伊藤圭子）、農と食の研究会（志田裕子、横田幸子、岸本直美）、西陣織文化研究会（麻畠正資）、ちりめん細工研究会（西端和美）、音楽研究会（大塚和子、佐々木裕一、横倉均、大久保孝四郎）、写真研究会（中嶋敬治、菅野征一郎、写真集・絵葉書刊行計画；紺野知文）、などなど。これらに、高校生たちの卒業後の研究の場や、地元や定住希望者による農林畜産関係の研究、地元の介護福祉の担い手たちによる「介護福祉研究」、森の案内人による「観光ガイド育成研究会」などにも関心が集まっている。

4　光輝いていた発表と学習観光への道

二〇一九年一月に京都大学で開かれた、「文化資本の経営」二〇周年記念シンポジアムでの気仙・遠野からの報告は、大震災後八年を経過するなかで、着実な取組みに目を見張るものがあった。

気仙のご報告では、千葉氏が中心となって、佐藤霊峰の人生と生き方が紹介された。

霊峰は、歌の道の開拓者として、地域コミュニティにおける家族と地域の風土への愛を背景に、自己の可能性を発見して個性的な「生きる道」を拓こうとする。この開拓者としての高い志が、大震災を体験して、この地に生きる人々を励まし、共感し、創意工夫して、道を拓く決意を引き出す。

霊峰の開拓者精神こそ、気仙の伝統文化、その核心であった。

開拓者の道は「細くて果て無き道」であるが、人々の愛を感じつつ、自分を個性的に、同時に、自主的に、創意工夫しつつ、至誠を尽くして生きること。

これによって、地域を創生する共通の「心の田畑」が生まれる。この田を、コミュニティの市民が、互いを尊重しながら、互いの、多様な人生体験から学びあい、育ちあって、創意工夫しながら、地元の資源を生かして、文化開発や産業開発の研究を行う。

文化の交流には、対面で語り合う場としての学校が必要であり、電気通信ネットワークや、鉄道、自動車道などの交通路が必要である。

そして、文化交流の場は、地元の文化と、京都や東京の文化が出合う場であり、現代では、着地型観光とか、地元とのコミュニケーションを大事にする「コミュニティ観光」によって、他の地域の経験から「学びあい育ちあう場」としての観光事業が台頭してきた。

観光はかつての「物見遊山」ではなく、「風の人（訪問者）から学びつつ、地の人が主体となって、魅力ある、生命と生活の営みを蘇生させる体験」が求められている。これは「互いに学びあう学習観光」と呼べるだろう。

その意味では、住田の観光は、例えば、住田の景観や、人情、楼観洞における洞穴の滝の迫力、鉱山遺跡や産業文化の現状だけでなく、この地の開拓者が生み出した、環境・生命文化から学び、霊峰らの「人生の可能性を拓く」実践から学ぶ方向に発展していくだろう。

もちろん、すでに述べたように、地域の産業開発の研究には、研究の場、研究所が必要である。それは、技術を開発するだけではない「開拓者からの学び」が含まれているのである。

開拓者の生き方から学びつつ、そこでの研究会が開拓者精神をもって、産業振興の課題を明らかにしながら、創意工夫する場を拓く。この「心を込めた研究」こそ創意工夫の源泉である。

この基礎の上で、実験の場や、学術資料、学術データベースが必要であり、図書館など、知的な基盤整備が欠かせない。

この中から、知的な力量と豊かな感性を持った人材が育つ。彼らは知的な所有において優れているだけでなく、開拓者から学び、実際に、産業を興し仕事を起こす力量を、人生交流の中で学び取っていく。

その力量は、近江商人のように、「自分よし、相手よし、世間よし」を経営の中心に置く。ここから、人材の復興と地域づくりの主体となる地域の市民が誕生するのだ。

市民による「人生の振り返り」、そして、自分が身につけたものを交流の中で確認し、自信を持ち、実行できること、そして、今後の取組みのなかで自主性・自律性が育ち、地域資源を活かす研究活動と開発、実験から実行へ。

コミュニティをベースにした地域再生を目指すこと。

次世代の一人一人が開拓者の精神を受け継ぎながら、それぞれの人々のニーズに応答できる職業を開発し、自立して、人生を開き、文化力と経済力を「文化資本」として身につけること。これこそ、この地で生み出された文化開発の力量、その継承・創造ではないだろうか。

最近は、経済成長を重視するあまり、地域の活性化を急ぎ過ぎる傾向があり、地域の市民生活や生命活動、健康や生きがいよりも、防災堤防などの建設を優先する傾向が見え隠れする。しかし、長い目で見ると、「心を込めた」研究や実験、対話や、みんなが合意できる「地域再生・発展構想」がなければ、健全な産業発展もインフラ整備もないように思える。

まず、個人レベルでの自覚と人生に目標の設定をして、着実に取り組んでいくことは目標達成に向けた最短コースになりえるとも言えよう。

このような「心を込めた構想」「実行」「評価・点検」の地道な積み上げこそが、長い目で見た、地域の発展を実現する。

5　住民による町づくりフォーラム

これまで、有志によるフォーラムを、二〇一八年一一月、二〇一九年三月、二〇一九年五月と三回開催している。コミュニティからの復興と再生を目的にして、いつも現地調査時にお世話になっている民宿のご主人と組んで、住民目線で実践的取組みから地域再生の取組みのモデルづくりに挑戦してきた。この五月には遠野と気仙を結ぶ「海と里山を継ぐもの」として「郷土に伝わる食文化」を取り上げた。食文化を継承させてきた女性の力を思い知ることになった。楽しい語らいの輪は時間の過ぎることも忘れるほどにフォーラムのテーマと内容と担当者まで一気に具体化された。世の男性の方々もこの現実を直視し協力の輪の広がることや行動をしていくことを願っている。

さらに、五月一一日には、町役場の会場で、五葉地区づくり委員会（藤井洋治先生）、大股を次世代に伝える会（紺野和美先生）、下有住を語る会（金野純一先生）による「地域を生きる営みのシンポジアム——未来につながる幸せ」が開催された。

地域コミュニティの単位で、それぞれの住民の生き方を次世代に伝えること。この価値ある仕事に取り組まれてきた各位に、心からの敬意を表したい。

ここでは、人口減少という厳しい現実を受け止めながら、体験を交流し、価値ある内容を記録し、次世代に伝える道を拓く試みが紹介された。

驚くべきことに、各地域ともに、継承だけでなく、積極的に「道を拓く」営みを多くの困難を越えて実行されていることである。

例えば、五葉地区では、住田から大船渡に至る道に桜を植える活動を構想され実行しようと努力されていた。地域づくりというが、このような大きな志が現実に進んでいることに励まされた。

今後も、三回実施のフォーラムを現地の関係者の方々のご協力を頂いて協働して継続させていきたい。現地での拓心全人塾・千葉塾等の地道な取組みの実績と豊富な取組みには経験があり、今後に活かされていくものと拝察している。

これらの取組みが気仙地域の隅々に拡大して各地で語らいと学びの場が広がっていくことを望んでいる。それらを総合化する場としてふるさと創生大学が機能しネットワークが拡大していくことをも。日本の関西以西の地域では大震災と大津波の発生が予測される状況になってきている。東日本大震災の経験と知恵を活かし役立てるため、地域を総合的に考える大テーマとして、「震災復興まちづくり研究所」を立ち上げていきたい。

注

（１） K. E. Boulding, Notes on a Theory of Philanthropy, F. G. Dickinson, eds. *Philanthropy and Public Policy*, NBER, 1962., p.61.

第2章 学習社会の創造——日本の思想としての学習社会構想

1 はじめに——学習社会の日米比較

アメリカの学習革命＝学習社会論をめぐって

二〇一四年に、アメリカ合衆国で『学習社会の創造』（*Creating a Learning Society*）と題する書物が、K・J・アロー講義シリーズの一冊として、ニューヨークのコロンビア大学出版会から刊行された。

この書物は、ノーベル経済学賞受賞者、ジョセフ・E・シュティグリッツ（Stiglitz）コロンビア大学教授と、同経営大学院教授、ブルース・C・グリーンウォルド（Greenwald）の共著である。

この書物の冒頭部分は、「学習革命＝Learning Revolution」というショッキングな言葉で始まっていて、学習といえば、受験塾での学習を思い浮かべがちなわれわれ日本人にとって、大きな関心を呼び起こしてくれる。

彼らが言う「学習革命」とは、いったい何か。

学習革命の背景にあるものは
——産業革命がもたらした特権的な生活水準と批判勢力の台頭

まず、彼らが注目しているのは、数世紀にも及ぶローマ帝国の時代から、西暦一八〇〇年頃まで、人口一人当たりの「平均的な生活水準」は、衣食住全般にわたってきわめて貧しいものにすぎず、基本的な対人サービス・医療面や、旅行・感動的な催事などの機会の場においても同様に低い水準にとどまっていた (Stiglitz, J.E. & Greenwald, B.C., p.13) のである。

ところが、一八〇〇年から一九世紀後半にかけて、特権的ともいうべき高い生活水準がヨーロッパ、北アメリカ、オーストラリアに広がっていった。この変化がもつ衝撃波の凄さは、この変化に対して批判的な論調にさえも影響したほどである。所得などの格差や民衆の貧困状態、経済進歩の利益が公正に分配されていないという反発が起こる。このような批判者たちからの反発は、新たな経済進歩がもつ潜在能力を生かせば、「共産主義社会」すら実現するという、批判者賛美の潮流をも生み出してきた。

一九世紀にはいると、エリートたちの生活水準は、ヨーロッパ、北アメリカ、オーストラリア、アジアの多くの地域において当たり前のこととなり、この傾向はアジアの大部分の国々で今も、続いている。

一般市民の生活水準――その質と余暇が生まれた

さらに、シュティグリッツとグリーンウォルドは、エリート層だけでなく、一般市民、諸個人の生活水準の変化にも注目している。その変化とは、市民生活における「衣食住の最低限の生活」だけでなく、「より質の高い必需品」や、高級品、さらには、レジャーを楽しむ傾向である。いわば、「この〝質の高い〟消費への傾向」は、エリートにも市民全般にも起こりうる。

大変化のもつ意味を考える――労働生産性が画期的に向上した

シュティグリッツとグリーンウォルドによれば、一九世紀の初頭までは、大多数の個人は基礎的な生活必需品――食料、形ばかりの住まい、衣料品――を確保するために、彼らのもつ時間の大半を費やしていた。

しかし、今日では先進工業諸国で生活する諸個人の大部分にとっては、これらの基礎的な生活必需品を充足するのに、一週間のうちのほんの僅かな労働時間を必要とするに過ぎない（同上、14ページ）。

すなわち、勤労者一人当たりの生産性が向上して、少ない労働時間で多くの産出高＝財を生産できるようになったのである。

この結果、各個人は、基礎的な生活必需品を生産するための仕事をしながら、「余った」時間をどのように活用するのかを選択できるようになった。

ひとつの選択肢として、より質の高い必需品か高品質品を入手できるように、より多く働き稼ぐこともできる。

また、多く稼ぐのはやめて、いかにしてより多くの余暇を楽しむかを選ぶこともできる。

シュティグリッツとグリーンウォルドは、このように、やや楽観的な見通しを述べている。しかし、日本の現実を見れば分かるように、このような「選択」は事実上、不可能であるのかも知れない。なぜならば、「生活の質」を向上させるという傾向は、勤労者にとっては本来は人間的な欲求であるのに、事実上は、「やむを得ない選択」となりがちである。かれらは、孤立して生きているわけではなく、社会的につながって生きているので、日本社会にとっての標準的な生活の質を確保できるよう、流行さえも考慮して選択せざるを得ない。そうしなければ、生存競争の敗者とみなされて孤立化を余儀なくされるからである。

そして、低所得や文化的な孤立化の結果、生存競争に敗北し、排除されたものが「やむを得ず、より多くの余暇というよりも失意の時間を過ごす」ことにならざるを得ない。欧米においても、実際には、このような階層が生まれてきている。

大変化をもたらした主要な原因は何か

このような一八〇〇年以降や一九世紀における変容は、どのような原因によって、生み出されたのか。

この原因について、資本蓄積と答えることもできれば、技術進歩と答えることもできるかもしれない。シュティグリッツと、グリーンウォルドによれば、シュムペーターのような経済学者は、このような変容の原因を技術進歩と同一視していたし、ロバート・ソローは、資本蓄積と技術進歩の相互関係を数量比率として定量的に解明する方法を見出すに至っている。それによると、資本蓄積は、労働者一人当たりの産出高における変化の三分の一を占め、残りは技術進歩の多様な形態に原因があった。

彼らは、これに続く研究から、当初考えられていたよりも、ソローがいう、定量化の結論は必ずしも確定的なものではないということが分かってきた、と指摘する（同上、14ページ）[1]。

では、生活水準の大変化をもたらした主要な原因を、どのように考えるべきか。確実に言えることは、シュムペーターが指摘したように、理論的には技術進歩によると考えるのが妥当であり、実証的には長期的な傾向としてみれば、ソローが言うように、技術水準の発展にあると考えてよいのではないか。

経済成長の原因を調べるのは、多くの困難を伴う。

そのわけは、原因が相互に絡み合っていて、新技術を活用しようとすれば、また、投資によって、新たな機会が必要とされるというように、技術進歩と資本蓄積は密接な関係があるからである。

さらに、このような絡み合いの中で、生産性が飛躍的に増大することや、技術における進歩は「仕事を改善していくための学習（learning to do things better）」が生産性の向上において決定的な役割を果たしてきたことは、疑う余地がない（Stiglitz, J.E. & Greenwald, 2015., p.14）と指摘されている。

アメリカの学習革命論が注目したのは、経済発展にとって資本蓄積や技術の導入も重要であるが、どちらが進展したにせよ、人間が投資によって生産性を向上させようとすれば、機械を導入する判断力、現場での機械の使い方の改善、操作のノウハウを身につけるための学習、原材料加工から製品の完成まで芸術的なデザインの改善など、人間の学習が決定的に重要であるということであった。

この場合、人間は、導入された機械からも学び、機械を製造した人々からも学び、これまでの機械を操作してきた熟達の先輩からも学習しなければならない。

これまでの経済学では、技術変化は「外から与えられるもの」とみなされてきたが、技術を動かすのは人間であるから、人間の学習こそが現実の技術力を支えると彼らは考えた。

企業は、オープン・イノベーションのシステムを認めて、社員としての技術者が企業の枠や壁を越えて、世界的な規模での学術的・技術的な交流・ネットワークの発展に期待せざるを得ない。

企業の競争力が技術開発力に依存するとすれば、企業は、人間として開発・研究を担う研究者・技術の開かれたネットワークを認めて、研究成果を知的な所有権として確定した個人や集団を雇用するか契約をすればよいことになる。

そうなれば、アメリカでは、測定困難で、外から与えられる技術ではなく、「存在する技術を内発的に活用する力量＝学習力」こそが、市場での競争力となる。市場関係を超えた、学習ネットワークの成果こそが、企業の競争力、ひいては、運命を決するのである。これは、経済学者が、学習革命を発見したことによって、人々が企業の枠を越えて、非営利的にオープン・イノベーションを実行すること、すなわち、企業や市場を超えるものがあることを認めたこと、学習社会の構築なくして、経済発展はあり得ないことを認めたことを物語っている。

では、学習社会というものを、日本では、どのように位置づけてきたのだろうか。

2 日本における学習社会の構想

日本経営史研究における学習の役割

アメリカの経営が、成長の原因として資本蓄積や技術進歩などを検討し、「企業や組織の枠を越えた学習」の重要性を認識するまで、戦後、かなりの時間をかけてきたのに対して、日本の企業は、「企業内の学習」については、一九五〇年代など早い時期から積極的に取り組んできた。

ＱＣサークル活動をはじめ日本の品質改善活動は、「カイゼン」という日本語が経営学の用語として取り扱われたくらいに、国際的にも影響力を持ちえた。

その原因についてはさまざまな研究が行われているが、共通した指摘としては、日本の勤労者の勤勉性とりわけ企業内教育訓練システムをつうじて、先輩の熟達した技能や技巧、判断力を学習によって継承しつつ、積極的に改善する力量であることにも注目が集まってきた。

この背景には、戦後日本は密接な経済関係を持つことになった、アメリカ企業との関係において、「先進技術をアメリカ企業から導入すること」「それを学習によって改良し、製品の質を上げて、国際競争力をつける」というかたちで、大きな競争力を持つことができたという事情がある。

そして、「カイゼン」は、学習の成果であると同時に日本型経営の特徴として、日本型労使関係や年功序列型賃金、下請企業との関係など、日本企業の「古さ」を象徴するものとしても位置づけられることが多かった。

一九八〇年代以降、情報技術が日本の経営にも普及してくると、日本企業における学習システムも大きな変化を体験する。情報技術は、グローバリゼーションと並行して、日本企業に普及していったので、日本企業はコンピュータ操作能力を持つ年齢の低い、若年勤労者を必要としていた。その結果、コンピュータに強くない「職人型勤労者」は、年功序列型賃金における、「熟練した先輩勤労者の高賃金」層として、コスト削減の対象にされたのである。

いわば、「タテ」の学習が困難となったので、それを補うには、アメリカ経営戦略から学んで、「企業や組織の枠」を超えた「ヨコ」の研究開発や、経験交流が必要となってくる。これは新しい学習の場の確保であった。

しかし、日本企業は卓越した技術者が発明発見をしたとしても、それを個人の知的財産として認めることは基本的になかった。発明発見の成果は「企業のもの」「会社のもの」であって、個人に知的所有権に伴う巨額の報酬を支払う能力はなかった。

それならば、卓越した技術たちはアメリカに去ってしまう。学習の習慣が企業内に残された場合でも、それは企業内で情報を共有して経営効率を上げる手段にすぎず、アメリカ式の企業の枠を越えた、「ヨコ」型研究開発や経験交流ではない。また、アメリカの経営幹部が多くはMBA取得者であり、大学院での学習を終えているのに対して、日本では、理系の技術者たちは大学院を修了していても、文系の大半は学卒のままである。この後進性は克服されていない。

企業内学習の慣行が、年功序列型賃金を合理化する中で、失うことを余儀なくされているのに、オープン・イノベーションを実行できなければ、新技術の開発は極めて困難である。

果たして、日本企業はバブル崩壊を契機として、「失われた10年」を体験し、依然として出口の見えない状況に陥った。

中小零細企業における職人型経営者・勤労者の存在

日本の経営は、諸外国に例を見ないほど、中小零細企業の比重が高く、大企業は下請け企業グループを組織して、設計図の共有など系列の下での技術進歩を担わせてきた。また、日本の中小零細企業は、日本の伝統産業として、各地の特産品や工芸品の生産を担ってきたという歴史的な背景がある。

日本では、各地ごとに方言と呼ばれる言語文化の違いがあり、建築様式や、生活様式の違いがあり、仕事としての職人産業も、さまざまな領域と地域にひろがっている。

その意味では、日本にはアメリカでは極めて弱い伝統産業としての厚みがあり、職人仕事は、各地ごとに多様性を持つ。

それらは、農業における篤農家の存在だけでなく、農林工芸産業（米作、野菜、果樹、炭焼き、繊維、陶磁器、鉄器、など）や、金属加工業（鍛冶など）、製造業、建築業（木工・大工・とび職など）、食品加工業（発酵食品など）、食文化（日本料理など）、芸能（歌舞伎、能など）などに、長い歴史と伝統がある。最近は、芸術文化やデザイン、スポーツなど増加する職業領域もある。学術研究教育においても、塾教育システムなど伝統的な民間教育システムを持つ。

工芸産業の就業者数も、近年急速に減少しているとはいえ、国際比較でみれば、アメリカなどとは比較ならないほど多くの職人層が存在する。

現在、情報技術の発展とともに、大量生産・大量消費・大量廃棄のシステムから、多品種・少量生産消費・リサイクルのシステムへの転換が起こりつつある。

このなかで、中小零細経営や家族経営が、農林工芸領域や製造業、サービス業などのあらゆる領域で、多品種少量生産を担い、中央集権型組織から水平型・ネットワーク型の組織が主流となりつつある(2)。

日本における、このような職人型勤労者層の存在はどのようにして形成され、今後はどのような方向に向かうのであろうか。そして、職人型勤労者が学習社会の創造によって、どのような未来を描き出すのか。

この点に話題を移そう。

3 行基の実践

日本学習社会の誕生――行基の知識結《ちしきゆい》が生み出す世界

根本誠二『行基伝承を歩く』(岩田書院、二〇〇五年)は「行基さん」の先駆性を感嘆の眼差しをもって現地で再発見している。これは、地域に眠っている文化資源を発見する〝営み〟のひとつであろう。

文化経済学の研究は、現場を歩いて、先人の足跡をたどり、そのなかで先人が残された固有価値を発見することである。

固有価値とは、J・ラスキンが開発したものであった。例えば、自然が土壌から養分や水を得て、種子を育て、幹や枝、葉を生み出し、花を咲かせ、虫などを生かして受粉させ、実を結ばせ、土に戻して、次世代を育てる。これは種子に内在する潜在能力であり、これを自然の固有価値と呼ぶ。植物だけでなく、動物も生命力を宿している。

また、生命力を宿していない大気や鉱物も、人間の働きかけや、大自然の変動期には、あたかも生命力を持つかのように、動き出し、生命を育てる環境を生み出す。大気のように、呼吸を可能にするものもあれば、金属のように、生産器具を生み出し、生活用品となって、生命と生活を支えるものもある。

他方、ラスキンは、人間が自然と向き合い、自然に働きかけて、自然から学び、自然の中に内在する、「人間の生命力や生活力を蘇生させる力」を発見する能力にも注目した。そして、このような潜在能力を引き出す力量を人間は、芸術教育や科学教育を通じて身につけることができると考えた。自然と接して自然から学び、芸術や学術の教育を受けた人々は、芸術的表現力や科学技術研究における創造性を身につけていて、自然の素材を生かした芸術作品を創造し、あるいは、自然素材の特性を生かした工業製品を「優れた機能と芸術性（デザイン）をもって」創造することができる。

種子や素材の持つ、潜在能力＝固有価値は、潜在能力を生かす自然環境や社会環境によって、潜在能力を開花させる。自然環境にあっては、土壌を耕すこと。社会環境にあっては、「固有価値」を享受しうる〝享受能力ある市民〟を教育によって生み出すこと。

これらが必要とされているのである。

行基の足跡をめぐって

では、根本先生は、現地に足を運ばれながら、何を発見されたのか。

まず、本書に描き出された行基は貧困の底にある民衆の救済者である。これは、当時、農地が不足して、大量の貧困者が発生し、流民と呼ばれる人々にとって職がない状況にあった。また、彼らを新都建設に動員しようとする動きもある。このなかで、民衆救済事業を提起することは「民間からの公共事業活動」を起こして、貧困者に衣食住をもたらすことを意味していた。

同時に、本書は透徹した歴史家の眼によって、行基の活動の意味を当時の「律令体制の解体や再編成期」としての文脈の中で、冷静に位置づける試みを展開されているこれは、新田開発などによって、自然資源を生かしつつ、人々の智慧や職人技を生かしあうこと、この目的のために、自然や人々の「固有の価値」を発見して活用すること、などが不可欠であった。

行基は、流民が生み出される仕組みを解明し、流民を救済しうる心の支えとしての寺院建立、布施屋新設など新たな社会制度の創生、交通路や架橋など公共事業の重要性、農業用水の開発、など、各地の仕事を起こす中での、人々の生命・生活の蘇生、そして、仕事や生活の〝営み〟を位置づけること、などを構想して実行した。

例えば、行基は、人々に日本の福祉施設の先駆、布施屋を提供した。その意味は何か。当時は、歴史的な平城京造営のために民衆が動員され、貧困と闘いながら日々の糧を獲得せねばならない時代であった。国家には、もはや、民衆救済の力がないのである。

この現実を直視し、民間で地域資源を生かして、公共事業を起こし、人々に仕事や生活の場を提供する試みが行われた。これによって、その悲惨な現状を救済する試みが、人々の生命と生活を再生し、社会に人間を主体としてとりもどす上で、いかに大きな意味を持っていたことか。日本歴史上の画期的な試みであった。

人生の底から立ち直る場をつくる

過労、飢え、不衛生、不健康、いきる意欲の喪失。これは心身の極限までの衰弱と疎外状況を意味した。これに対して、行基は、布施屋で人々に食事を提供し、ともに食する中での、人間らしい〝つながり〟と〝ひろがり〟を体感する。風呂を提供し、食事をして、語り合いの場を持てば、そこには、各人がもっている文化の交流の場が拓ける。日本人は、地域に固有の歌や踊りを持ち、農業技術や建築技術を持っていて、交流の場が腕前を上げる場にもなる。さらに、渡来系の医術が伝えられて、病気や傷害の治療が開始される。湯治は、当時から日本人が開発した治療や健康の方法であった。

行基は日本各地の温泉寺の開祖として広く知られている。有名なのは、兵庫の有馬温泉であるが、ここには、薬師如来が重病人に健康を取り戻させる民話が信仰とともに残されている。風呂、温泉、健康を繋ぐ〝営み〟の持つ「生命・生活蘇生の創造的な構想と実行」、それによって、人々の生命力や想像力を再生して、人間の創造的に生きる力量、人間の固有価値に気づかせることである。この営みは、現代の地域再生にも通じている。

阪神淡路大震災の時、支援者たちが開発した「足湯」は、東北の大震災でも大きな力となった。そして、遠野では、震災復興支援活動が湯治の提供にまで及んでいる。日本文化の伝統の凄さを実感させる状況が、ここにはある。

富者と貧困者を結ぶ公共事業

そして、行基は、土木工事を展開するが、その意味について、根本先生は、それが、在地豪族の欲求であった公共工事を民間の「知識結い」によって成し遂げた(29ページ)ことと関係していること、そして、在地豪族の支持を得た事由が明確に指摘されている。

根本先生によれば、これらの公共土木事業は、土地私有制の発生時期における人口移動、農業利水や交通の振興を求める在地豪族の要望を、かれらの協力を引き出しつつ、共通の「心の支え」すなわち「仏の縁」につながって実現する道を拓いた。

私有地の開墾や経営には、水路や、道路、橋、溜池などのインフラストラクチャーが必要である。この建設事業を、豪族と富と、民衆の労働力、職人能力を結合して、実行し、産業基盤を整備しながら、雇用機会を提供する。

これは、当時の国家がなしえなかった新事業、民間主導の新しい公共活動であった。これらの公共土木事業は、仏閣の建築事業とも連動していた。それは、「仏縁につながる」ことによって、富者も貧者も、天皇も、民衆も、すべて、「仏(あるいは自然)の前の平等」な存在となった。ここにおける和合の状況こそ、自然や社会から新たな可能性を引き出す動きを生み出す。

国家をも制御する民間力を育てる——経済力と学習力

聖武天皇が頭を下げて行基に資金調達や土木建築事業に協力を依頼したとされるのも、納得できる実績である。国家がやれなかったことを、知識結《ゆい》は実現したのだ。

彼と、彼の弟子たちの財務能力は、国家組織を制御するほどの力があったのである(井上薫『行基』吉川弘文館、一九五九年初版、二〇一三年七刷参照)。

さらに、本書が指摘する重要な論点は、行基が、俗人であった民衆を学習の場を拓いて知識人である僧にまで導いたことである。彼が創設した道場は全国に広がり、後には、国家の経済的支援を得ている。彼は、かかる多数の道場や、道場で得た「人々の僧籍」を、経済力を背景にして政府に認めさせた。

これは、民衆と知識人との〝つながり〟や〝ひろがり〟をつくり出し、当時は、僧となることを望む人々の暮らしを重税から解放した。いわば民衆を教育し、自立した知識人に育て、自立した暮らしを営めるようにしたのである。これは、現実に、民衆に対して新たな権利を獲得させた事を意味する。素晴らしい「創造的自立」の指導者であった。この伝統は日本社会を学習社会として確立するきっかけとなった。

行基の後継者ともいえる空海は、綜芸種智院という学校を創設し、宗派を超えて、生活の哲学と技術を教育した。以後、寺には寺子屋が設けられ、近世にはよみ・かき・そろばんと呼ばれる民衆の基礎的教養教育の場が持続的に発展してきた。

世界に誇る「識字率最高」という日本文化の特徴は、地域社会における富者と貧者を交流させ、学びあう中で、互いの立場や習慣を理解し、共通の伝統文化や習慣を長年にわたってつくり上げる基盤となった。このような民衆の生活を理解し、それを理論化、実行できる形に発展させたのは、幕末における二宮尊徳である。

民衆が知識を担って市民となる道

行基の研究に接して常に感じることであるが、彼は民衆に奉仕して、人々の善意を引き出し、資金を集めつつ、労力を集め、福祉事業によって食や住を提供し、その人間的な生き様を再生しようと努力しただけではない。

生きるための多様な生活技術を教育し、その基礎の上で、僧、当時の知識層としての学術を教え、自ら学ばせた。いわば手に職をつけて、学術を学ばせ、その社会的地位を公的に認めさせたのである。民衆が知識人として市民になりうる社会への道。これこそは現代に通じる、民衆救済事業の核心ではあるまいか。

岩手県、遠野や住田、あるいは、福島県、会津で、被災地の方々との対話や、市民大学院で企業人や産業人と地域再生の研究をしていると、この「道を拓く努力」の重要性を痛切に感じることが出来る(3)。

これは、フランス大革命の学習とともに、世界の市民にとって、刮目すべき実績であろう。古い時代には市民は存在しないとの通説には、深刻な反省が必要ではないか。市民社会は一朝一夕にしてならず、人類史の長い旅路が必要であった。

例えば、尊徳は、農地を放棄し酒におぼれた農民を前にして、次のように考えた。彼らが、重税の根源を、制御しうる力量を持つ経済人の支援で、減税を追い風とすれば希望が生まれる。さらに、私心のない、私有財産を自然や社会からの信託財産と考えて、公人として行動する大商人などの、支援を得たならば、なお安心できる。

彼らが、この環境で誠意を取り戻し、勤勉に仕事をして質素倹約すれば、産をなして、他人のために推譲できる。

すなわち、至誠に徹し心田を耕せば、科学の目が開けて自然の理を理解し、災害に備え、農業生産力を高めて、商業振興にもつながる。領主権力を平和裏に制御しうる力量が生まれる。

現実に、農業や商業が再生して、個々人に中小の私的所有が生まれる。これを基礎にして、大所有者が土台金を提供し、中小零細の事業資金を信頼関係によって蓄積し、地域ファンドとして、植林から土木工事、農林漁業の基盤整備に充てる。その私的な所有は、自然や社会からの信託財産に過ぎないとの思想がある。形は私有財産であるが、倫理性の高い所有者が活用すれば公共財産になるのである。

4　欧米の人権論の検討——人権論と学習論

人間を人間にするのは学習である

学習という言葉には、学校のキャンパス内の学習というにはとどまらない、豊かな意味がある。とりわけ、働きつつ学ぶという言葉には、空間や情報通信ネットワークとの関係が含まれている。すなわち、職場での学び、通信制での学び、家族や地域からの学びなど、重層的な「学び・学習」という意味が含まれる。

他方、人生という点からみると、生涯学習という長期にわたる学習が思い浮かぶ。幼少の頃の学習、義務教育時の学習、高校時の学習、大学・大学院での学習・社会人としての学習・第二の人生の学習などなど。

また、「働きつつ学ぶ」というと、何か日常生活のなかにはないことを思い切って始める、という意味にとられることが多い。過去の時代にはこのように扱われることが多かった。

しかし、ここで人類の進化過程という歴史を振り返ってみると、人類は仕事と生活の中で、必要に応じて自然や社会から学習しつつ、発展を遂げてきたということがわかってくる。

例えば、長い人類の歴史の中で、人類が他の動物の中で霊長類として存在しえたのは、他の動物と比べての、「働きつつ学ぶ力量の質と量」によるとさえ言えるのである。

人類の潜在能力——学習を行う力量をめぐって

最近の発達心理学における研究成果を総括した、ゲアリー・マーカスによれば、ヒトは「学ぶ」力量が他の動物を上回っている。ヒトの学習能力の一つの特徴は「真似ができる」ことであり、真似への強い欲求は、人が得意とする文化の獲得と関係していると指摘している。

日本語でも、「学ぶ」は、「まねぶ」からきたという説があるほど、「真似する能力」は人間に固有の、生まれつきの能力であるらしい。

彼は、ヒトが多様な文化を獲得する力量を持っていることを示唆して、次のように述べている。

動物の文化にはヒトの文化ほど多様性がない。サバンナにいるヒヒは大きな群れで暮らす傾向があり、高地にいるヒヒは小さな群れで暮らす傾向があるなど、動物にも群れごとの違いはあるが、個々の動物の生活に対する全般的な影響はわずかである。ヒヒはほとんど同じものを食べて暮らしており、同じ流儀にのっとって、子供の世話をし、食料を採集し、どこへ行こうと捕食者を警戒する。

ヒトはこれに対し、地域ごとに非常に異なっている。生態学者、ピーター・リチャーソンと人類学者ロバート・ボイドが指摘したように、ヒヒがいるのと同じくらいの環境の多様性の幅においても、親族体系や社会構造、食習慣、日常的な食物を得る手段などが根本的に異なるヒトがおり、弓矢で小動物を追いかける小規模な狩人の集団から、漁や農業や牧畜を主体として生活するものまである。(4)

文化を獲得する能力は、ヒトの最も強力な生得的学習メカニズムの一つであると言ってもよい。(5)

さらに、著者は、他の動物が持たないもう一つの学習能力として、「言語の豊かさと複雑さを備えたコミュニケーションシステムを獲得する才能」を挙げている。

このようなシステムは、「今、ここ」のことだけでなくて、将来のこと、可能性のありそうなこと、そして、夢見ることについて伝えるのに使われるとも指摘されている。(6)

また、これらはヒトが「生まれつき学習のためにうってつけの心の装置を備えていること」を示している。(7)

人類進化の基本的な要因については、ダーウィン説と、今西錦司説がある。前者は生存競争による自然淘汰を強調するが、後者は、「棲《す》み分《わ》けによる共生の力量」を重視する。
人類が、棲み分け共生の力量を生かして生き残り、人間としての発達の可能性を獲得した。これが、人類学においても次第に定説となりつつある。

とすれば、そこには人類の「共生の智慧・実行力」があることになる。
共生において、人類は、「ひと」としての「個」を重んじつつ互いに支えあう関係を構築してきたこと、さらには、他の動物の種さえ重んじて共生を図ってきたことなどを意味する。

日本における民俗学の研究成果が明らかにしてきたように、古代人は「個」を「ひと」して尊重しあい、幼児など弱者を最優先として、家族の一員として父母兄弟が協力して育てる習慣を生み出してきた。

人類は、他の動物が子供を生存競争の中で選別しているのに対して、子供、一人一人の個体を大切にし、家族を形成して共同で子育てをする習慣を生み出した。これは、人類が生き残りえた貴重な「観察や経験からの学習」である。

東日本大震災における心の復興から学ぶ
——個と共同性のバランスを再生する方向性が発見された

震災直後の凄まじい現場に、東北学院大学の教授が学生たちとともに、駆けつけておられた。

二〇一七年二月、現地で、体験者の声を地元に書き伝えられた、千葉修悦先生から、あらえびす書房刊の『震災学』創刊号と、佐々木俊三『随筆と語り　遠来の跫音』(二〇一四年)をお借りした。そこには、佐々木教授の御自宅でのご経験と、震災現場での発見が記録され、「裸にされて、互いの氏名も解らぬ人々が高台の仮設住宅に逃げ込んだ状況」が、心を込めて正確に描き出されている。

教授が荒廃した我が家に戻られた時、それまでの、「物質的な豊かさのヴェール」に覆われた、生命と生活のありようは一変した。衣食住、すべてにわたり、文明の利便性に守られ、同時に、人と人とのつながりを忘れた、エサの様に食事を扱い、流行・お仕着せの衣料品に包まれ、出所不明の木材でつくられた既製品の家を買う。

人としての出会いや〝つながり〟を忘却した、モノを選んで生きる、冷たい仕組みは一瞬にして崩壊した。文明は、生誕や離別、死さえも形式化され、標準化され、危機感を遠ざける仕組みを生み出していたのだが、それは、大自然の猛威の前にはなすすべもない。

人々は、生まれたままの「裸の個人」として、荒廃した「瓦礫《がれき》」のなかに投げ出されたのである。このとき、個人は忘れていた「共同性」を取り戻す。

奇妙にも、普段はお付き合い無い近隣の方々が、それぞれに足りないものを持ち寄り、手助けしてくれる光景に出会いました。(8)

まさに、困ったときはお互い様。結《ゆい》の精神。「助け合いの共同性」が再生したのである。文明生活と利便性の陰に隠れていたものが人間の潜在能力として、いま、復活したのである。この復活によって、生誕時の痛みを互いに理解し、別れの悲しみを理解し、死別の苦しみを理解できる人間が再生する。そして、痛みを伴いながらも、新たな生の誕生を歓び、別れの悲しみを受け止めて、再会の歓びを期待し、死別にもかかわらず、もう一つの世界に心を通わせ、共に生きようとする勇気を持つに至るのだ。

数日を経て、散りじりになっていた家族も集まってきて、ろうそくの光とコンロで、頂いたご飯を暖め、まるで、昔、人々が夜、炉端の周囲に寄り添いながら食事をした原初の光景に帰ったかのような、小さな温かさの集いとなりました。懐かしい親密さの経験です。(9)

このような光景が持つ意味を、佐々木先生は、さらに、食文化や住文化の持つ、本来の意味の再生・復活として描き出されていた。(10)

その内容は、現代の人類学が示唆するものと重なってくる。

公正な分配による私有財産の発生——私有財産の公正な分配システム

ここで、佐々木教授が注目されたのは、個と共同のバランスであった。乏しい食物を分かち合うとき、個を相互に尊重しあい、互いの生命・生活を支えあうという高い倫理性を持って、共同の場が生み出される。そして、個は構成員全員の承認のもとに、一人一人への再分配として、食物を贈与される。同時に、この過程で弱者は学習能力を発揮して、再分配の価値を学び取り、富者もまた人間的な共感の力量を学び取る。ここに、単なるモノの所有ではなく、弱者と富者が「共生する私的な所有」がうまれるのではないか。この共生においては、富者の財産は、自然や社会からの信託財産に過ぎず、私的な排除的な性質を持つ財産ではないという取り扱い方が可能となるのである。

これは、原始の時代の、獲物を全員で分かち合ったのと同じであるのかもしれない。弱者にも公正な分配が行われ、そこに、学習の場が誕生し、学び合い、育ちあいの場となった。

この場で、モノ＝食物を分かち合うだけでなく、構成員が互いに子育てのための支援をも行うとすれば、ここでは、家族・父母兄弟や地域の先輩が身につけた文化資本が子供に個性的に継承される。子は、妊娠中の子であっても、生命を尊重され、誕生を歓ばれる存在であり、心音は家族のコミュニケーションを媒介する。

佐々木先生の研究を踏まえて、独自に人類学からの研究を参考に考察しよう。

人類が、なぜ人類として生き残り、永続的な発展を遂げたのか。

先に述べたように、ダーウィンや、今西錦司は、この課題を生存競争の中での淘汰過程や、「棲み分け」の研究によって、深めてきた。

最近の研究成果として注目されてきたのは、山極寿一氏によるものがある。

ここでは、古代人が他の動物と異なる点は、食物の「わかちあい」が弱いものにも公正に配分されることや、父母、兄弟姉妹が協力し合って行う「子育ての協働」によって長い教育期間を共同して実行しうること、にあるとされる(11)

さらに、横田幸子氏は、山極氏の指摘は、従来の研究水準を超えるものとして高く評価されている。従来の研究は、モルガンの研究に依存していて、原始時代は「個」が存在せず、私有財産をもつ少数者の支配が「個なき共同性」を容易に利用あるいは解体しつつ支配できたとする学説が有力であった。

しかし、山極説では、「個」として生まれてくる幼児を人間として育てる家族の存在という視点をもつ。この基礎の上で、横田氏は、道具の活用についても、従来の学説のように、狩猟の道具である弓矢を重視するのではなく、石器による調理、生活手段としてのナイフとしての石器などの道具を位置付けることもできる、と考えている。

そうであれば、従来の古代社会の説明では通例であった、「狩猟する男性と家事を行う女性という分業から、家族社会を説明する」方法ではなく、子育てを基軸にした、家族の生命・生活を支えあう男女の平等社会において、調理のための石器が登場したという説明が可能となろう。

さらに、「個」を互いに認め合ったうえでの、共同性が家族や地域において、持続的に発展しうるとの学説が成立する。

そうなると、私有財産は、「個」を担うものとして、公正な競争の基盤となり、私有財産の一部への集中を避けるためのシステムを地域社会において、構築する道も開けてくる。

従来は、地域社会における共同性は、国家権力などの支配のために利用され、近代的な「個」の確立を妨げる要因として位置づけられた。

しかし、新たな視点から「個と共同」を位置づければ、私有財産の集中や国家権力による共同体の支配が存在しても、それに対抗しうる「個と共同のバランスの取れたコミュニティ＝地域社会」が存続しうることとなる。これは、ある意味で画期的な研究成果ということができるであろう。

すなわち、地域には、一方には「個と共同のバランスのとれたコミュニティ」が存続し、他方には権力支配・金権支配に組み込まれたコミュニティが存在する。これは一種の「二重構造」であって、地域は支配のための単位ではなく、政治・行政システムにおける分権の基礎となり、経済における反独占・公正競争秩序の基礎となる道も存在することとなる。

分権や公正競争システムは、権力支配による生存競争秩序を制御して、地域を人間発達の場として再生する契機となる可能性を持つ。このような場は学びあい育ちあによる文化資本の継承・創造的な発展を生み出す基盤でもあるだろうか

弱いものや子どもが「個」として認められ、家族や地域の「共同性」によって支援されながら、人間として発達する。これは、人類の他の動物に対する独自の発達を可能にしたのではないか。この潜在力は、大震災のような生命・生活の危機においても挫折することなく、しなやかな再生力を持って

人々を蘇生させた。これが東日本大震災における被災地からの学びである。
このような学習の潜在能力は、人々が生活の中で体得し世代ごとに継承してきたものであり、潜在的基盤的な文化資本ともいえるものである。

個の自立と互いを認め合って学習しあうシステム

佐々木教授は、人間が「共同によって成り立つ個」を生み出し、例えば、狩猟によって得た獲物をみんなで分配するときには、「構成員を別々のものとして確認するときであると同時に、集団を集団たらしめている秩序、ないしは集団として結びつく力を確認するときでもあったのです。」と述べている。

ここでは、分配が所有関係を生み出し、与えるものと与えられるもの、贈与と負債を生み出しており、集団のメンバーが生活体験の中で自然に共有してきた公正な分配に関する合意がある。この合意には、妊娠中の子や誕生後の子がもつ、先祖からの魂や霊の継承に対する尊崇の念がある（佐々木教授の表現では霊）。

現代の人類が、このような公正な分配についての合意を思い起こして、社会生活においても、互いの精神性の尊重、倫理性をもって行動したとすれば、社会階層の間で拡大する格差・不平等に対する是正や、世代間の不平等、とりわけ、後世の世代への国債の負担増加や、自然環境破壊による自然資源配分における不平等などを是正する合意や、それにむけての方向性が示されることは自然なことであろう。

また、すでに見たように、社会活動においては、「知識結《ゆい》」という言葉が発生してきて、一人一人の個性や得意技を生かしあって学習しあい、それらを持ち寄って、相互理解の上に、支えあいながら社会を創り上げる習慣が七―八世紀のころから、既に存在している。この言葉は、行基の名とともに、人々が農林魚業や商業、工芸などで、身につけた「仕事の力量」を互いに生かしあって、建築事業で人々の心の支えとなる寺院を建立する。また、土木工事で植林をし、橋をかけ、ため池をつくること。布施屋という福祉事業を起こし、温泉を拓いて、病気を治療すること、土地を持つものが土地を提供し、資産を持つものは資産を提供すること。職人の力量を持つものは手仕事を提供しつつ、知識を持つものは智慧を出し合うことを意味していた。このような場を提供しえたのは、民衆の救済と共生を願う高僧のプロデュースのもとで、「構想力」「実行力」「学習力」を共通の基盤としつつ、人々が互いの経験から学びあう関係が生み出されたからである。

市民革命の人権論と、その意義と限度

一八世紀後半に、世界を揺るがせたアメリカの独立革命、それにつづく、フランス大革命は、「自由・平等・博愛、そして、労働による私有財産の確保」を、人権として確立する契機となった。

ただ、日本の地域社会と違い、行基が実行したように、知識結いを通じて、富者と貧者の和合を図り、そこから生み出される経済力を背景にして、民衆の学習権を国家に認めさせ、次第に拡充していくという、漸進的な変化を基礎とした、人権の確立ではない。

それは、学習権を拡充する中での人権ではない。

中央集権システムを貴族社会から引き継ぎ、議会を基礎とした、憲法的な枠組みを持つ。革命という強力な手段を用いて、議会の機能を変化させ、法によって、個々人が人間として、生命と生活を尊重され、権力によって、不当な拘束や抑圧を受けないシステムを生み出した。そして、市民が互いの生命や生活を尊重しあい、社会の中で、共に生きていくことを高らかに宣言した。

市民はアメリカの独立自営の農民が示したように、小さな土地を持ち、家族で経営し、職人型労働に基づいて、仕事を起こしつつ創意工夫しながら商品を生み出す。市場で販売して小財産を所有する。貨幣経済は、職人に、言語を用いたコミュニケーションの力量を持たせ、進んだ技能や技術の情報に触れさせ、学びあって育ちあう関係を生み出した。商業社会の実現である。

さらに、当時までの支配階級であった貴族の文化からも学ぶことができる。民衆の中に、演劇や演奏が普及する。

では、フランス大革命が民衆に学習権を保証し、彼らが、平等に、学習によって人間として発達することができたかと言えば、それには、疑問がある。

フランス大革命は、革命に反対する連合した他国軍隊の介入にさらされた。その危機にあたって、ナポレオンが登場した。彼と彼らの後継者たちは、一方では人権システムを周辺諸国に広げつつも、他方では、教育システムを改革する際に、教育を受ける権利を平等に保証せず、高等専門学校―グランゼ・エコールを大学をも超えるエリート養成組織とし、教育による選抜システムをつくりあげた。教育システムが同時に支配する人々の選抜のためのものとなる。

このことによって、人権宣言の崇高さにもかかわらず、フランス社会は、富者と貧者の和合の場を失った。

このことは、現代にいたるまで、フランス社会を苦しめている。

アメリカ独立革命をめぐって

一七七六年に『国富論』を創刊した、A・スミスなど西欧の知識人は、新大陸の動向に、理想社会への希望を見出していた。K・マルクスも、また、『資本論』の序文で、西欧知識人の希望に言及している。以後、人類の理想社会を構想したものは、大多数が、市民社会の成立と人権思想の普及、法制化に賛同し、世界の大勢は決したかに見えていた。

また、当時の人権論は、小土地所有を基礎とした「職人労働による所有権」こそが、人間を権力から自立させ、市民相互のつながりを生み出すと考えていた。

所有が分散していると、社会の財産は大部分が国家のものではなくなり、財産は市民の側で分散的に所有され、民衆が連帯すれば、民衆の中核である、小財産所有者が納税者となり、議会の予算審議を通じて、国家の財政や権力を容易に制御できるはずであった。

さらに、権力そのものがアメリカ合衆国で実現したように、州や各自治体を単位とした分権制度が採用されうる。アメリカ社会の共通基盤となった、「草の根民主主義」は、このような職人型市民、とくに、家族経営を営む農民によって支えられていたのである。

そこでは、自由・平等・博愛の精神が労働所有権によって支えられる分権型社会。このような理想社会が誕生するかに見えたのである。

しかし、フランスでも、アメリカでも、市民革命は、富者と貧者の和合を実現できなかった。

さらには、二宮尊徳が指摘したように、富者と貧者が和合すれば、そこに、財宝が生まれるという状況も実現しなかった。

このような国々をモデルとして、日本は明治維新を実行したのであるから、富者と貧者を和合する学習社会を、日本もまた、実現することはできず、欧米と同様に、富の集中と、貧困の拡大に直面するのである。

市民革命の苦悩

この苦しみを示唆するかのように、それ以後の市民社会の歴史は、文字通り、苦難の連続であった。平和な社会のシンボルであるべき、フランスの独立自営農民は、ナポレオン軍の中核部隊となり、容赦なく、近隣諸国を侵略する主体に転換されたのである。

労働によって私有財産を形成した市民が侵略戦争に動員されるとは誰が予測しえたであろうか。この結果、国家の軍隊組織が肥大化し、近代的な官僚制が強化され、重税が復活して、財政・金融情報が国家権力に集中する。

情報の集中は、市民を「知る権利」の外に放置し、さらに、次世代への情報伝達システムである、近代的な教育制度が改悪されてフランスでは少数のエリート階級を生み出すための高級専門学校が生まれる。驚くべきことに、市民社会のただなかに、階級社会が再生してきたのである。支配階級は後退したのみで階級の廃絶には失敗した。基礎的な教養や科学研究の成果を独占する富裕層が誕生する。現代の社会学者、ピエール・ブルデューが指摘したように、社会が生み出した文化を富裕層が独占的に継承して、階級格差を固定化する動きが台頭したのである(12)。

さらに、市民社会を苦しめたのは、私有財産の自由が産業革命をもたらし、大規模工業の出現によって、機械を人間と生存競争させて人間の職人能力を、はく奪するという冷酷な動きが始まった。このような動きを放置すれば、市民の経済的基盤であったはずの、「職人能力による小生産システム」

が破壊されはじめる。不熟練労働者であった女性や子供までが、無産の労働者階級として、男性労働者の失業を引き出し、労働者相互の生存競争が激化する。

まさに、市民革命は、戦争国家による官僚制と、大規模工業の発展による市民間の生存競争によって、挫折させられるかに見えたのである。

では、欧米でも、日本でも、極めて困難な「学習社会の創造」への道は、今後、どのようにして切り開かれていくのであろうか。

注

(1) シュティグリッツらによれば、その原因は、二つあるという。一つは、資本や人的資本の投入を測定することは決定的に重要であるが、測定は、当初考えられていたよりも、困難を極め、問題が多いということである。さらに、もう一つは、生産関数を集計して、そこから一定の割合で確実なリターンが保証され、完全競争を伴うようなモデルを構想することは問題が多すぎるということである（同上、14ページ）。

(2) このような分散型・ネットワーク型社会の特徴を示したのは、若林恵『さよなら未来』（岩波書店、二〇一八年）参照。

(3) 行基に関する研究は、本書と同時期の二〇〇四年に刊行された、速水侑編著『行基　日本の名僧 2 民衆の導者』（吉川弘文館）。古典的研究成果としては、井上薫『行基』（吉川弘文館、一九五九年初版、二〇一三年七刷）がある。最近までの、系統的な研究の成果は、吉田靖雄『行基と律令国家』（吉川弘文館、一九八七年）、同『行基――文殊師利菩薩の反化なり』（ミネルヴァ書房、二〇一三年）を参照。

（4）ゲアリー・マーカス『心を生み出す遺伝子』（大隅典子訳岩波現代文庫、二〇一〇年初版）、第二章「学ぶように生れつく」、三八―三九ページ。

（5）同上、三九ページ。

（6）同上、四〇ページ。

（7）同上、四三ページ。

（8）佐々木俊三『随筆と語り　遠来の跫音』（二〇一四年）、四四一ページ。

（9）同上、四四一ページ。

（10）さらに、仮設における個々人の職業体験が活かされ合うことも、他の文献で指摘されている（この仮設住宅は、震災の年、二〇一一年九月後半に設置。山間部のへき地、宮城県の北端、気仙沼、陸前高田の南側にあった。ここにおける佐々木先生の御研究である）。例えば、雨漏りがあれば大工が活躍し、側溝の整備には下水道取扱業者が貢献する。電気器具の修理には、電気屋が活躍する。などなど。文明は意図せずに、個人の職人能力を身につけさせ、営利事業以外の場で社会に貢献できる力量を無意識に育てていたのであった。

（11）山極寿一『父という余分なもの』（新書館、一九九七年）、同『「サル化」する人間社会』（集英社、二〇一四年）など参照。

（12）社会の文化を生み出す人的な能力や、それを支える社会的な環境を、「従来の文化を独占して資本化した階級」の力に転換する過程。これこそ、恣意的な力による文化的恣意の〝押しつけ〟であり、現代フランス教育・システムの基本的特徴を解明した、ピエール・ブルデュー発「文化資本」論の本質であった。彼は指摘する。家族関係や学校関係において、教育過程が持つ真の意味は、「押しつけの剥き出しのテクニックからより繊細なテクニックへの移行が起こっている今こそが、この押しつけの客観的真実を露《あらわ》にするのに最も好適である」（ピエール・ブルデュー＆ジャン・クロード・パスロン『再生産』、宮島喬訳、藤原書店、一九九一年初版、一一ページ）と。

　これに対して、日本初の文化資本論は、二〇世紀末に、福原義春によって提起され、そこでは、日本社会の伝統を反映して、「すべての市民が持つ文化資本」を生かした、経営や社会の展望が語られていた。この思想を受け止め、発展させた著作は、福原義春との対話によって完成した、池上惇『文化資本論入門』（京都大学学術出版会、二〇一七年初版、二〇一九年二刷）参照。この書で展開されている文化資本の概念は、「市民が人生経験を通じて学習したものこそ貴重な資産」という新たな文化資本論であった。この文化資本論は、一九世紀中葉から後半にかけての、イギリス人、ラスキン、日本人、二宮尊徳の考え方と合致している。洋の東西で、独自に生み出された概念が、翻訳してみると、共通性を持つという事実は、イタリア人、ヴィーコ（一六六八―一七四四）が、新しい学として、提起した内容を実証する（ジャンバッテスタ・ヴィーコ『新しい学Ⅰ』上村忠男訳、叢書ウニベルシタス877、法政大学出版局、二〇〇七年）。

第3章 学習格差を克服するには
――「恣意」と「生命・生活への欲求」、新たな人権論の登場

1 はじめに――法を暮らしの中に生かす動き

しかしながら、市民革命が生み出した、自由と平等、博愛と労働所有権の法制度は、戦争をやめさせて、大規模工業を制御する反独占システムを「市民力によって創造すること」を可能にしていた。それは、いかに巧妙なテクニックを用いて、市民を心理的に支配しても、市民の生命や生活への関心と、生きる力量への欲求を断ち切ることはできなかったことを示している。

例えば、市民による憲法秩序が確立された社会においては、教育過程においてエリート育成学校をつくり選別の厳しい生存競争システムを構築したとしても、「仕事の場における、熟達した職人から次世代への学習の自由」を脅かすことはできない。

例えば、仕事の場において、熟達した職人の技能や技術が次世代に継承される過程は、互いの労働において共感が生まれるならば、いかなる巧妙なテクニックを用いて彼らを離反させ対立させようとしても無駄である。市民社会は「人間の内面における自由な意思決定を外からの恣意によって妨害する」ことはできない。

現代社会は、憲法的な秩序が成り立っている社会であり、このシステムの下では、「支配層の恣意によって情報操作が可能な領域」と、「労働や生活への共感によって、互いの人権を尊重しあうネットワーキングのある領域」に、社会が「二重化」されている。前者は憲法的な秩序を空洞化する動きであり、後者は「憲法を暮らしの中に生かす」動きである。(1)

「二重化された」世界においては、両者が智慧の限りを尽くして、主導権を争っている。主導権を決定づけるのは「労働や生活の場における共感力を基礎に、互いに学習しあって、より高い、文化的で、科学的な成果を生み出し、その成果を仕事や生活に生かす力量の蓄積」である。言わば、労働や生活の場における経験を基礎に、職業分野や生活経験の異なる人々が「互いに学びあい育ちあう関係」を永続的につくり上げた側が、市民の合意を得て、主導権を握ることができるのである。

一部の富裕層は恣意と少数支配の構造を持ち、市民層が自由への欲求と共感力、集合の知を交流させて創造性を生み出す長所を持つとすれば、長期的にみて、後者の優位は明らかである。しかし、短期的には、経済的な報酬と結合された、洗練された流行や虚言が人々の行動を操作する可能性も大きい。

人間が権利として「自由」を手に入れて、この権利を生活や生命活動の中で生かそうとすれば、そこには、かならず、表現の自由や、良心の自由、プライヴァシーの保護、研究の自由、教育の自由などの新たな自由の領域が広がってくる。人間の精神活動や、内面の自由は、本来は「恣意の介入に馴染まない」ので、人間が、誠意や共感を基礎に、良識を尊重しあい、人生体験を踏まえて、「学びあい育ちあいの習慣を確立」することが必然の傾向である。そうすれば、憲法的な秩序を暮らしの中に生かす力量を持つことができる。

では、自由に学習する権利を、市民は、いかにして、創造しつつ、確立してきたのか。

日本については、行基の実績と、その継承過程を見てきたので、今度は、西欧について、その歴史を振り返ってみよう。

2 欧米の動き——学習権確立への道＝学習社会論を提起したイギリス工場査察官の労働日研究

イギリス労働査察官の報告書は、一九世紀における学習理論の基礎を提供した。

それは、労働時間の短縮、義務教育や公衆衛生の普及を実現した、工場法を契機とした「学習社会の出現」に注目し、これこそ人類の希望であるとの見解を表明したのである。

この指摘は、私的所有を前提とした社会における工場立法の役割を高く評価した。

当時は、所有と経営の分離が進まず、資本を所有するものが同時に経営者でもあった。このような状況の下で、労働時間の短縮を法制化することは、資本を所有するものへの「私有財産権の制限」であった。資本主義社会は、自ら生み出した法制度で、自らの私有財産所有に伴う権利の制限を認めたのである。同時に、このことは、機械の導入による賃金コストへの節約圧力を強めて、機械と人間を生存競争させる。これは、「働くもの」にとって厳しい待遇を意味した。

それにもかかわらず、当時の労働者階級も、資本家階級も、ともに学習の時間を自らのものとすることによって、生命・生活を蘇生させ人間性を取り戻しうること。

このことは工場査察官（医師を議会が任命した）が指摘していた。

富裕層と貧困層の対立ではなく、「所有を超える論理が学習にはある」こと、および、「市場価格変動や経済契約を超えて、人間同士が学びあう場が経験から学ぶことによって生まれてくる」ことである。

そして、学習によって、知的な所有を持つ人材が増加すれば、富裕層と貧困層の相互理解が進み、私的所有という枠組みを超えて、知的所有を持つ者同士が交流しうる。これらのことが示されたのである。もしもそうであれば、私的所有の中でも、家族経営を含めて中小零細の所有を積極的に評価する必要がある。

そして、現代の生存競争に代わって、二〇世紀初頭からアメリカにおいて提起された、反独占立法を基礎に、公正な競争の秩序が回復する可能性もある。かつて一九世紀前半に、ジョン・スチュアート・ミルは、富裕層と、貧困層の対立を緩和するには、税制改革や福祉政策によって、所得を再分配し、両者が平等なスタートラインにたつよう主張した。現代では、この傾向は多くの市民の合意を得ている。

さらに、現代では非営利組織の発展によって、私企業の営利性を抑制し、情報技術の支援（多品種少量生産の技術的基礎＝A・トフラーによって解明された）によって、大規模量産型企業を制御し、多品種少量の供給システムを構築しうる。公正競争が可能となれば、今度は、市民が「学びあい育ちあう」学習社会の創造などによって、地域と個人の持つ文化資本を次世代に継承しつつ、文化格差を是正することができる。これらは経済資本を制御しつつ、反独占・公正競争社会を実現する道でもあろう。

工場査察官には、工場立法による学習社会の創造への視点がみられる。そして、この思想は、先に見た、行基など、日本の学習社会創造論とも通底していて興味深い。ここでは、工場法によって、労働時間の短縮が実現し、労働者自身の時間と彼の雇い主の時間との区別が明らかにされた。すなわち、労働者は、彼の売った時間がいつ終わったか、そして彼自身の時間がいつ始まるか、を知ることがで

きる。そして、確実に予想できる時間を、彼自身の目的のために「あらかじめ割り当て」ることができる。(2)

時間が自らのものとなれば、こんどは、学習の成果を生かして、仕事、そのものをより快適に、より安全にすること。創意工夫を生かして、職場を改善することもできよう。これは、投資家や経営者にも、労働者やサラリーマンについてもいえることである。

このような工場査察官の研究成果を基礎として、学習社会論に挑戦すれば、どのような展望が開けるであろうか。

3 情報社会と学習社会

N・ウイーナーの学習理論が登場する

情報社会の誕生には、自然科学者と社会科学者との協力が必要であった。自然科学者であった、N・ウイーナーは、人間が自分の手仕事の結果を自分の脳に伝達して、過去の記憶（経験の蓄積）と突き合わせ（照合）、新たな判断を下して、新たな仕事に挑戦するという事実に注目した。

人間は、過去には経験したことのない新たな仕事を手仕事で実行することができる。建築士や大工が過去の経験にはなかった、強い地震に耐える家屋の構造を作り出そうと試みた結果、新たな構想を実行に移し、過去の経験を超える実験を試みたとしよう。そうとしたならば、「過去の経験を踏まえて創意工夫すること」「新しい工法を創造的に開発すること」が必要になる。つまり、従来の仕事は習慣として身につけたことで実行できたのだが、このたびは、そうはいかない。創意工夫や構想力や創造的な実行力が必要なのである。

このことは、学習という「人間の力量」が、過去の習慣を繰り返すだけでなくて、創意工夫や創造という新たな飛躍へのきっかけをも身につけていることを示している。すでに、指摘したように、学習には、習慣として同じ仕事を繰り返す側面と、創意工夫や創造という飛躍を伴う仕事をするという側面が二つながらに備わっているのである。

ウィーナーは、情報社会の研究によって、「実践による学習」(learning by doing) という概念を脳生理学者との共同研究によって開発した[3]。

学習の定義

彼によれば、学習とは何かのか。

それは、人間の実践の結果が情報として脳に伝達され、従来の記憶を揺り動かすような強い刺激が加わった結果、次の実践に進歩が生まれるとき、これを学習という。学習は価格の変動や経済契約から直接的な影響を受けない。むしろ、個性的な顧客による、従来の要望や、製品への注文を、生産者が学習して、それを受け止め、顧客の期待に応え、要望を超えるような画期的な製品を開発して提供したとする。この製品がオンリーワンのものであって、顧客は、生産者の仕事や苦労をよく知っており、それに報いることのできる経済的な報酬を生産者に提供しようとする。このとき、価格は人間同士の相互理解によって決定される。原価や利潤などの要因は副次的な位置に留まり、相互理解の程度や、製品に対する公正な評価が価格を決定する。学習が価格を決めるのであって、価格が人間の評価とは独立に、価格を決めるのではない。

このような学習の定義を、知識格差を解消する研究教育システムを構築する課題として、日本で採用したのは、池上惇である。

アメリカでは、今から、六〇年も前に、R・ソローと、K・アローが、「生活水準の向上の大部分は技術進歩と学習による」ことを指摘していた。しかし、ソローの後継者、シュティグリッツによれば（『学習社会の創造』コロンビア大学出版、二九一四年）、この指摘は、特許の分析やネットワーク研究以外では、経済学の進化には長い間生かされてこなかった。シュティグリッツは、大胆に以下のことを示唆した。すなわち、「学習社会における経済では、市場経済は、それ自体で、価格による資源の効率的な配分の達成や、ダイナミックな経済成長過程での貯蓄を上回る積極的投資活動を実行したとしても、経済は効率的である」との想定は成り立たない。(4)

すなわち、学習社会の経済では、知識が私的な所有の枠組みを超えて自由に組織の内外を動き回ることによって、知識格差を解消する。これによって、人々の相互学習の機会が増え、技術開発をはじめ、創造的なアイディアがうまれてこそ、経済の効率性が高まる。同時に、学習社会は不安定性というリスクを抱えるので、社会保障制度のような変化に対応できるシステムが大きな意味を持つことになる。

これらの研究の結果、経済学の中で、「価格や契約関係を超える」もの。すなわち、「学習」という概念=社会関係にかかわる概念が主役を占めてきたことに対して関心が高まっている。例えば、すでに指摘したように、学習活動は、富裕層と勤労者層との対立を超えて、両者の生命や生活に直接に影響を与える。そして、学習の成果を生かして、量産型経済ではなく、多品種少量、小規模零細経営を育て、さらには、反独占立法を法制化し、生存競争を緩和して公正競争秩序を再生することができる。

工場立法による労働時間の短縮や義務教育制度、公衆衛生制度の普及は、「働きつつ学ぶ」状況を生み出し、時間の主人公となった、勤労者や経営者は、対立を超えて、人間としての共生の道を歩む。「働きつつ学ぶ」ことは現代社会のトレンドとなり、産業に平和と永続的な発展の可能性を与える。

これが人類の歩みであり、希望でもある。

4 所得格差・文化格差の是正へ

ボウモルの文化経済学

経済学における、もう一つの傾向は、情報経済研究の中で、出会うことができる。それは、アメリカ人、故W・ボウモルの文化経済学である。彼は、学習社会論への視野を持ち、彼の師、ライオネル・ロビンズが所得格差の是正に向けて社会の改革を主張したのに対して、文化芸術における格差の是正こそ、新社会を生み出すと考えた。

ロビンズは、フェビアン協会のメンバーであったから、「スタート・ラインの平等を実現する社会こそ、公正な競争社会を実現しうる」と考えた。そこで、ロビンズは、所得再分配の公正なルールづくりこそ、公正な競争社会への第一歩であると考えていた人であった。(5)

ボウモルは、彼の考え方を継承しながら、所得格差の克服だけでなく、文化格差の克服こそ、公正な社会構築の基礎であると考えていた。文化格差を是正するには、劇場や音楽ホールなど、本物の芸術を発信する施設に対して、非営利組織として公的な補助金を出し、企業に対して、寄付金に対する免税措置を強化するなど、文化芸術経営を公的に支援するシステムを各地で確立する必要がある、と考えた。(6)

ボウモルは、免税寄付や補助金などの公的支援によって、芸術文化事業を支援すれば、事業経営者たちは、芸術家への高い報酬の支払いに補助金などを充てることによって、音楽ホール、劇場などのチケット価格を引き下げることができる、と考えた。

価格が低下すれば、低所得層でも、芸術文化に関心を持ち、彼らが学習すれば、芸術文化の格差は次第に解消されるのではないか。

また、ボウモルは、芸術家の高い報酬のために、人件費が上昇し、機械の導入によっては生産性を向上できない芸術文化事業の特性にも注目する。たしかに、芸術文化事業は、チケット価格が高くて、製造業（機械の導入によって、単価を引き下げられる）の消費財価格などと比べられると、消費者に選んでもらえない。不利な立場にある。芸術文化事業を、他の消費財などと対等に、選んでもらうには、公的支援によって、チケット価格を引き下げるしかない。

チケット価格の引き下げによって、芸術文化は、エリート層だけのものではなくなり、広く市民に開放することができる。

さらに、劇場やホールが立地する地域社会では、芸術文化にふれるために、文化施設に市民が集まり、芸術文化を学習するだけでなく、品格のある建築物や力量のある芸術家たちの魅力、ステイタスによって、この地の魅力が高まる。

また、芸術的な演奏などを記録し出版できれば、貴重な芸術情報が広がるだけでなく、多くの愛好家が繰り返し訪問する中で、地域の魅力が高まる。

それだけではない。地域の市民や訪問者にとっては、芸術家の存在は、貴重な教育の機会である。このちの人々の享受能力は高まり、芸術家を志望する市民も出現する。

経済的に見れば、地域のビジネスにとっては、レストラン、出版販売、交通事業、情報通信事業など、多くの起業や持続的な発展が期待できる。

文化的な格差を解消することには、格差解消以外にも、多くの貢献が期待できる。

新たな事業と雇用の創出

ボウモルの業績は、文化経済学の現代における創造的開発者として、学会で、定着している。

彼は、すでに、述べたように、所得の再分配によって公正競争の前提を生み出すだけでなく、文化の格差をも再分配によって是正しようと構想した。その意味では、「所得の再分配によるスタートラインの平等」を確保するという、J・S・ミル以来のイギリス公正競争論の継承者である。さらに、所得の再分配だけでなくて、文化の再分配という新領域にまで踏み込んだのだから、ノーベル賞を取っても不思議はない。しかし、候補には上がったが、受賞はならなかった。

アメリカにおける、もう一人の著名な文化経済学者は、有名な、J・K・ガルブレイスであった。

一九九六年に、アメリカのボストンで、国際文化経済学会の創立二〇周年記念大会があった。ボウモルと、ガルブレイスが登壇し記念講演を行っている。ここで、彼らは、アメリカ合衆国政府が文化や教育についての公的支出を真っ先に削減しようとしていると鋭く批判した。

彼らによれば、このことがアメリカ合衆国の文化や教育の危機をもたらすだけでなく、経済の発展や雇用確保にも、重大な障害を設けるものであることを、強く主張した。最近の所得や雇用の動向を先進諸国について分析すると、技術進歩の激しいハイテクなどの分野では、生産性の向上とともに、「ダウン・サイジング」という現象が起こっている。従来の産業では、大規模な工場施設や流通センター、オフィスなどをもつ、「大量生産・大量消費・大量廃棄」システムが支配的であった。しかし、最近の傾向は、一転して、「多品種少量の生産と消費・資源リサイクル」システムが台頭している。ここでは、製品は小型化し、軽量化しつつある。

情報機器やソフトを装備した新たな機械と、人間が生存競争させられる。従来の労働者層、熟練勤労者層やホワイトカラー層が、大規模なリストラに直面する。三〇〇〇人とか、一万人という大規模な人員削減が開始される。

消費も二極化して、一方には、生活の質の高さを求めて、生活必需品であっても、高い機能性とデザイン（芸術性）をもつ、多様性や個性を尊重する「職人型」製品が必要とされる。そして、他方では、一見すると、多様性があるように見えて実際は量産品のパンや加工食品、安物の衣料品・調度品が氾濫する。

ところが、驚くべきことに、生産性の高くない、対人サービス提供が中心の諸分野で中小零細企業や非営利事業、雇用が急激に拡大する。それらは、芸術、文化、教育、研究、福祉、医療、環境などである。ここに、新たな発展の可能性を見出すべきである、と彼らは考えた。同時に、日本においては、工芸＝伝統産業や農林漁業においても、小規模家族経営が一旦は減少しながらも再生してくる。日本、イタリアなどでは、この傾向は無視できない。

しかし、実際に、アメリカでおこなれていることは、財政危機を口実にした、芸術文化関係費の節約であり、景気刺激策と称して、防衛経費や公共事業費を増加させる傾向であった。

文化経済学の受容

文化経済学の考え方は世界各地で受容され、日本でも一九九〇年代には、芸術文化振興基金など、文化芸術支援政策が採用され始めた。文化施設が地域コミュニティに建設されると、本物の芸術作品が演奏され、その地の「格」があがり、ステイタスが高まる。芸術作品のストックが蓄積されていつでも鑑賞できるので魅力が高まる。さらに、芸術教育の場としても名声が上がり、地域のレストラン、書店、デザインなどにも大きな影響が及ぶ。地域社会の魅力と、魅力からの学習は、大きな経済効果を生むのである。

翻って、日本社会を歴史的に研究してみると、各地の文化施設だけでなく、風土と文化的な伝統の質の高さ、民衆と富裕者が対話しながら、富者が経済的な負担を多く引き受け、共に文化的な伝統を継承し創造的に発展させている現実を解明することができる。これは祭りや祭礼だけでなく、年中行事や生活文化、産業文化、福祉文化にも及んでいる。

都市における労働者の「働きつつ学ぶ権利」を、さらに発展させること。同時に、過疎と人口減少に直面する農村において、伝統文化を今に生かして、祭礼、生活文化、産業文化にわたり、職人能力の継承と発展を総合的に実現すること。

これが車の両輪となってこそ、すべての職人型労働者、篤農家、失業者、非正規雇用者などを「知識人とする活動」の枠組みが出来上がる。

所得格差の解消による「経済的なスタート・ラインの平等」と、文化芸術格差の解消をもたらす各地の事業継承・創造学校づくりは、ふるさと創生学校創設活動としてとして、永続的な発展を目指している。

日本におけるボウモルの代表作、W. J. Baumol & W. G. Bowen, (1966) *Performing Arts: The Economic Dilemma*, MIT Press, Massachusetts. の翻訳事業は、一九九〇年代に漸く具体化され、当時の日本芸術団体協議会の基軸を構築された大和滋氏らが渡辺守章教授などのご指導で日本における芸術家の低所得状態（ボウモル病状態）を克服するために研究を開始され、国際文化経済学会にも参加されながら、池上惇も協力して、池上惇・渡辺守章監修訳『舞台芸術――芸術と経済のジレンマ』（芸団協出版、丸善配本）は一九九三年に公刊された。企業メセナ協議会の福原義春、根本長兵衛両氏からの貴重な助言や支援もあり、日本における文化経済学会の創設に参加した若手メンバーが中心となって推進された。

当時、芸団協が国際文化経済学会の代表として、アクロン大学、ヘンドン教授を招聘され、松田芳郎教授がシンポジアム企画を実現されて、席上、ヘンドン教授が日本でも文化経済学会をつくればと発言された。その意味では、ボウモル翻訳事業は、国際的な学術交流を生み出して、日本における文化経済学の発展基盤を構築してきたと言えるであろう。

さらに、ボウモルの思想は、日本における多様な文化政策の共通の基礎として1990年代以降の芸術文化振興に多大の影響を与えた。

ボウモルの著作が刊行されて後、アメリカでは二〇〇〇年にハーヴァード大学のR・ケイブズ教授が『創造産業論——芸術と商業の契約関係[7]』(ハーヴァード大学出版会)が舞台芸術を含む創造産業という概念を提起された。同氏の挙げる創造産業の事例としては、書籍雑誌の出版、視覚芸術(絵画・彫刻)、実演芸術(劇場、オペラ、コンサート、ダンス)、音響録音、映画、テレビ・フィルム、ファッション、玩具、ゲームなどがある。

ケイブズは、ボウモルの提起を受けつつ、ボウモルが研究対象から除外した、複製や著作権に関わる多くの新領域を総合的に検討する。その中で発見されたことは、美術、デザインであれ、作詩、作曲であれ、演奏や演技であれ、創造に関る仕事は、基本的に手仕事であるし、職人型産業としての共通性を持ち、人的要素が大きな比重を占める。手仕事は機械の導入によって効率性を高め得る自動車など製造業の生産システムと基本的に異なっていて「生産性は低く、手仕事と道具が主流であるが、知的所有の源泉としての意味は極めて大きい」——これが芸術や文化に関る創造的な仕事の特徴であることを再発見した。同時に、ケイブズは、芸術教育などによる創造の成果が市場化されて芸術家が選別される過程を解明し、複製やメディア技術との結合によって、知的な所有が新たな富の源泉となること。著作権制度によって、創造性が保護される中で、創造性への市民からのアクセスを容易にするシステムを発見した。それは経営者・芸術家・消費者（鑑賞者）相互間で共有しうる「ある種の翻訳機能を持つ代理人」を媒介とする商業取引の存在である。

このような商取引をつうじて、ボウモルが示した公共政策からの支援とは別に、創造産業が自分の足で立ち独自の発展を遂げていることを示唆した。芸術的な創造性が私的な所有によって閉鎖的になることを防止し生活の中に生かされる新たなシステムを発見したといえるであろう。

さらに、日本の文化経済学研究においては、フランス社会学の影響下に導入された文化資本の概念が独自の発展を遂げた。それは、福原義春らによって、企業や地域社会の歴史的伝統の中で創造された技や文化が「創造型職人によって体得された」文化資本の継承や発展を通じて広く市民の間に共有される、との新理論として定着する。(8) ここでは、ボウモルが提起した「舞台芸術文化資源の再分配によるスタート・ラインの平等」だけでなく、「企業や地域における文化資源の学習による再分配を通じた公正競争」の枠組みが継承され発展していることが確認できる。

ボウモルは去ったが、彼の残した遺産は、いま世界の各地で、現実に芸術文化を振興しつつ、創造産業としての総合的発展と、文化資本としての市民が持つ貴重な共通資本を解明する基盤となった。心からの敬意を表したい。

5 生存競争社会における人間の孤立化と弱者の社会的排除

生存競争社会がもたらす「生命と生活の危機」。

それは、常識的に考えられているように、低所得層を直撃しているだけでなくて、中間層も、いわゆる富裕層も、すべてが、生命と生活の危機に直面している。それは、何よりも、地球環境の危機において、すべての地球市民が大災害に直面して、生命・生活・財産のすべてを失う危険性を意味していた。

また、所得格差や教育格差、文化格差の原因となっているのは何か。この問いを探っていくと、「生き残りを賭けた大企業間の生存競争」に行きあたることが多い。

最近の大企業の行動は、規模が大きくなればなるほど、企業間の国際的な連携に依存する度合いが高くなる。ところが、連携や提携といっても、実際には、すでに倒産するリスクを回避するために、提携するかに見せて大損害を負担させる悪徳な大企業もある。日本企業は、このような危険に直面していて、海外での連携や提携による大損害が日本企業のリストラやコスト削減措置につながることも珍しくはない。

企業の不祥事の中では、欠陥商品を生産して、大規模なリコールを行わるざるを得ず、これが経営の赤字につながって、リストラや合理化の契機となることも多い。

このような事態が発生する原因については、大企業における組織の官僚制化、いわゆる「大企業病」の存在を指摘されることが多い。官僚制の特徴は、経営の全体情報を企業幹部に集中して、分業組織を担う、下部組織の勤労者には、それぞれの業務に必要な部分情報だけを与える。下部組織の人間は、潜在的には、全体情報を知って経営の全体にかかわれる力量があっても、情報から疎外されて、機械の部分品のような仕事に専心せざるを得ない。

このような状況の下では、人間的な生き方や、人間発達の場は、勤務時間外の土日や、五時以降の余暇を使うほかない。しかし、実際には、労働時間が長すぎて、人間としての発達が困難となる。

人間が人間らしく、生命・生活を実行できないとなると、その精神的なストレスが大きくなり、これが原因となって、さまざまな健康障害が発生する。

さらには、労務管理の手段として、成果主義が導入され、「成果を上げるための生存競争」が激しくなる。成果が上がらなければ、職場を去らざるを得ない。いったん、職場を去って、失業者のなかで生活すれば、非正規雇用という厳しい現実が待っている。生存競争の結果、社会的な弱者として、雇用関係から排除されたとき、そこに、待っているのは何であろうか。

雇用身分社会における結婚

二〇一九年四月二七日付の朝日新聞夕刊は大久保貴裕記者による「非正規二一一七万人　平成年間で二・六倍」の記事を掲載した。四面の小記事であるが、位置は紙面中央下、記憶すべき真実である。記事は語る。

非正規労働者は、二〇〇八年のリーマン・ショック時の派遣切りや年越し派遣村など、平成を通じて正規雇用者との待遇差や不安定な地位が社会問題となってきた。一九八九年の八一七万人から一八年には約二・六倍の二一一七万人に増え、いまや就業者数の三人に一人が非正規になった。一方で一八年の正規雇用者は三四二三万人で、三〇年（間―引用者）で微減した。

これは、恐ろしい事態である。非正規雇用は雇用そのものが不安定である。過酷な労働条件で長時間働き、さらに、職場を転々とせざるを得ない。正規雇用者も、いつ、なんどき、リストラに直面して非正規に転換させられるか。失業するか。常に不安とともに暮らす。人手不足といわれても依然として失業者は存在する。

これは、雇用という機会をめぐって、座るべき椅子が一〇脚あっても、三脚しか用意しないでおいて、少ない椅子をめぐる生存競争を組織するシステムである。

しかも、現在の日本では、労働者は、正規、非正規、派遣、非派遣、パート、アルバイト、専門職、非専門職、など、多くの身分に引き裂かれ、さらに、身分に応じて、様々な福利厚生のサービスが異なる。教育サービスも、細分化されていて、資格や無資格、学歴などが入り乱れている（森岡孝二『雇用身分社会の出現と労働時間』桜井書店、二〇一九年）。

また、多くの非正規労働者は「派遣された」身分である。派遣労働制度を戦後の日本経済にも復活させて以来、労働者にとっては、派遣事業者が経営者としての責任を持つのか、派遣先の企業が経営者として責任を持つのかが、〝あいまい〟になった。厳しく生存競争をさせられながら、そのために、過労となり、病気になり、失業したとしても、つまり、大きな被害を受けても、その責任は「あいまい」なのである。

病気になればリストラは覚悟せざるを得ない。失業や病気に伴う、強いストレスによる健康障害・心理的な虐待ともいえる状況に伴う心身の犠牲は個人が負わされる。そして、個人の犠牲は、社会保険制度や生活保護における保険料負担や租税負担となってすべての勤労者に重い金銭的負担を課してくる。

派遣による非正規労働は、その存在自体が「文化的にして最低限度の生活」を保障した日本国憲法に違反しているかに見える。年収200万円クラスの非正規の若者は結婚できないといわれ、少子化傾向に輪をかける。結婚できなければ、生命・生活の存続自体が危ぶまれる。

憎しみと殺戮

生命と生活の危機が迫り、市民が孤立化して、日本の地域社会のように、「困ったときはお互いさま」の人間関係が見失われたとき、社会的に弱者として位置付けられた市民の目には、わずかでも生活の安定を得ているものや、自分よりも弱者に見えるものは、「憎むべき敵」に見えてくる。

これは、厳しい現実である。

かつては、大企業などから、「必要のない戦力」とか、「生産能力のないものは消えろ」とかの無言の言葉を聞いて追いつめられたとき、孤立しつつ、世間に抗議する手段としての殺戮が起こる。被害者が加害者となり、今度は、「能力を持っていても、脆いものだ」「もっていても役に立たない。死ね」と行動に出る。ここでは、殺すという行為によって社会的排除を実行する人が、実は社会的に排除された人々なのである。

その意味では、社会的排除の相互応酬であるかに見える。

そこには、「俺は社会から排除された。今度は、社会の人々に排除・抹殺という形で、お返しをする」「加害者となって死んで見せるが、この行為によって、世間は、社会的排除を黙認することが、いかに、無意味なことであるのかを知るだろう」「こうなる前に、社会的排除をなくしてほしかった」などのメッセージが込められているのかもしれない。

国際的にみると、多くの宗教的対立の背景には、生存競争から殺し合い・戦争状態を生み出す社会的な背景がある。

かつて、ナチス・ドイツは、市民の敵を「ユダヤ人」と断定して、かれらの資産を収奪し、大公共事業によって、雇用を実現し、政権を握った。アメリカ大統領も、中国人を敵として、中国資本の活動を制限し、アメリカ資本の優位を図っているかに見える。

このような「敵」を作り出す手法を、大国のリーダーが公然と実行できるような状況は、社会的弱者にとっては、自分と違うものを、すべて、こような「敵」とみなして殺傷する雰囲気を生み出している。

その意味では、すべての市民が、「自分とは違う」だけで、突然襲われて、命を落とす可能性が出てきた。優れたアニメーターたちも、突然、「アイディアを盗んだ」などと誹謗されてガソリンに火をつけられて大量に殺傷される。家族の声を装って、電話で誘導され、資産を収奪される人々も増加する。差別的なスピーチに象徴される民族的な「社会的排除」の試みも、後を絶たない。

そして、他方では、成果主義の犠牲となって、中間管理職が過労自殺するなど、大企業間競争の犠牲者が生まれる。このような犠牲者すら、生存競争の中では、「競争に勝てない〝弱い存在〟」として葬り去られる恐れさえあった。

障害者も、高齢者層も次世代や他人に負担を強いる存在とみなされて、社会的な排除の対象となる。地方公務員も給与が高すぎるといわれて、一部納税者の支持を得て、突如、登場する政治家の前に、人としての生きる存在を否定されかねない。あらゆる文化施設や文化的な公共サービスも、経費削減と「痛みを伴う改革」の前に、真っ先に、カットされる。子供の世界でも、「いじめ」「いじめ自殺」が深刻化する。

これらは、すべて、「厳しい生存競争についてゆけない無能力なものは消えろ」ともいえる、厳しい現実の反映である。この現実を「生きて、困ったときはお互いさまの精神で支えあう」関係を、富者と貧者の和合によって実現できないものであろうか。

国連が主導する、持続的発展目標（SDG's）の冒頭は、環境危機から始まり、飢餓や貧困・社会的格差など、多くの克服すべき目標がある。現在、各国では、テロ・暴力・戦争の危機が人々の身近に迫っている。このような生存競争の現実は、世界的規模で進行しており、国連に結集された「世界の良識」を通じて、生存競争を是正する道が模索されてきた。

では、生存競争や社会的排除を克服して、人々が、互いの人格、生命・生活・仕事・財産などを尊重しあう社会とは、どのような社会なのか。このような社会の構想を描こうとして、実行したのは、二宮尊徳であった。つぎに、彼の構想を検討してみよう。

注

（1）この二重化過程を「レーガンのアメリカ」と「もう一つのアメリカ」として世界で最初に理論化したのは、アメリカの社会学者、J・リップナック／J・スタンプス『ネットワーキング――ヨコ型情報社会への潮流』（正村公宏監修訳、増田米二序文「もう一つの日本を目指して」収録、プレジデント社、1984年初版（原著は1982年）であった。

（2）『工場査察官報告書　一八五九年一〇月三一日』、五二ページ。この報告書に最も貢献したのは、ロバート・オーエンであり、彼は、国会議員となって立法活動を行った。また、この報告書を基礎に経済学の展望を開いたのは、カール・マルクスであった。かれは、『資本論』執筆の最終段階で、この報告書に研究の中心を置き、労働者の権利を守る立法活動の重要性を認め、労働時間の短縮によって、労働者は「自分の時間」を獲得し、学習することによって、人間として発達しうる機会を得たとして、工場立法を高く評価した（K. Marx, Das Kapital, Bd.I, 1867. 邦訳、全集版（大月書店）、第二三巻、第三編　第八章　労働日参照。社会科学研究所監訳、全13冊所収、新日本出版社、一九八二―八九年）。

（3）Wiener, Norbert (1950), *The Human Use of Human Beings*, Houghton Mifflin.（ノーバート・ウィーナー『人間機械論――人間の人間的な利用』鎮目恭夫・池原止戈夫訳、第二版、みすず書房、一九七九年）。

（4）ジョセフ・E・シュティグリッツ／ブルース・C・グリーンウォルド『スティグリッツのラーニング・ソサイエティ――生産性を上昇させる社会』（藪下史郎監訳・岩下千晴訳、東洋経済新報社、2017年）、第一四章、あとがきに、ソローと、アローへの言及がある。同上、四一五ページ以下。

（5）日本における所得など格差社会化については、橘木俊詔『格差社会――何が問題なのか』岩波書店、二〇〇六年初版、二〇一九年二五刷参照。

（6）Baumol, W. J. & W. G. Bowen (1966), *Performing Arts: The Economic Dilemma*, MIT Press, by the Twentieth Century Fund. Inc, Massachusetts, 1966.（W・G・ボウモルほか『舞台芸術――芸術と経済のジレンマ』池上惇・渡辺守章監修訳、芸団協出版、丸善配本、一九九三年）。

（7）R. E. Caves, *Creative Industries, Contracts between Art and Commerce*, Harvard U. P., 2000. 現在、池上惇、中谷武雄、中野健一、岩田均、中西康信らが中心となって翻訳中である。

（8）池上惇『文化資本論入門』京大学術出版会、二〇一七年。

第4章 二宮尊徳の学習理論——二宮尊徳による報徳＝学習社会の実現

1 はじめに——報徳という表現による学習社会の創造——自然や人間同士の共生・学びあい育ちあいを実現する道

自然や人間の徳に報いる活動——至誠をもって働きつつ学ぶ人生観を中心に

尊徳が残した自著のうちでも、最も体系的に、自然と人間の関係や人間相互の関係を解明したのが、代表作、『三才報徳金毛録』である。

このタイトルは、三才という表現で、天地人、つまり、大宇宙のなかの人間が太陽や土壌・植生・動物界から恵みを受けて存在していることを示している。そして、報徳という表現で、貴重な恵みを受けた人間が、恵みを「自然や人の恩を受けている」と受け止め、自然や人々を尊敬し、受けた恩に報いる生き方、すなわち、恩返しをするならば、自然や人々は、さらに、豊かな恵みをもたらしてくれる。これは、〝響きあい〟の関係といってもよい。だから、「恩を感じて恩返しをする」人は、恩返しという行為によって、前人未到の新たな世界を拓くことができる。

これは人が開拓者となって、道を発見し、道を拓くことを意味している。ここでは、「人は、開拓者としての位置にあり、人としての自分の可能性（潜在能力）を開花させ、新たな世界を見ることができる」とされているのである。彼によれば、これこそが人の人生であり、〝いきがい〟であるというものであった。ここには、義理や「厄介なもの」として報恩、恩返しを考える俗世界にはない、清らかで、創造的な、開拓者としての精神を見ることができる。

金毛録というのは、いわゆる金言集（貴重な言葉を集めたもの）という意味であろう。[1] 尊徳が、この書で述べている「報徳」の意味について、児玉氏は、「尊徳の言うこの報徳の意義は、単に尊敬心とか崇拝心といった、道徳的・宗教的なものではなく、宇宙における人間の存在と活動はなにをもたらすかという、[2] 科学的な洞察によるものといえよう」と指摘されている。

たしかに、恩とか恩返しといえば、道徳的なものという印象があるが、宇宙や大地、太陽の恩を感じるという感覚は、太陽の光や大気を通した熱によって、土壌を媒介として作物が育つという現実を科学的に認識することでもある。さらに、「恩返し」となれば、一人で自然環境保全・持続システムをつくることなどできるわけがない。人々と、自然などの恩を受けたという現実を共感しあい、この現実を人々と共有しあうという「活動」なくしてはあり得ない。これは、人々が相互のコミュニケーションを通じて実現できる。これも人間関係の科学的な認識である。

つまり、「恩返し」という表現の背後に、自然の恩に報いるには、人々とともに、大気を正常に保って、太陽の光や熱を受け止め、土壌を有機肥料などによって、健全に保全するという環境保護の活動が不可欠である。恩を感じることも、恩返しをすることも、共に自然を知り人を知って、共に行動することが必要である。いわば、自然と社会に対する科学的な洞察なしに、「恩の受け取り」も「恩返し」もあり得ない。

そこで、「報徳」という言葉を、科学的認識や共感・共有という言葉に置き換えてみれば、科学的認識は自然や社会からの学習なくしてありえないことが明らかになる。再度確認すれば、自然や人の恵みに共感できるし、共に、お返しができるということは、共感から「ともに」活動することがあって初めてできることであるのだから。

このように見れば、尊徳のいう報徳は、「自然や人の行動につての科学的認識を基礎に、共感して、共に活動する」こと。観察やすでに発見された科学的な知見を道しるべとして、作物などが育つ仕組みを知り、仕組みを健全に保全・持続しつつ、災害に備えて準備すること、この活動を通じて、人としての潜在能力を生かし、開花させ、いきがいを発見することであろうか。

尊徳の報徳は、人としての道である、恩を受け取り、恩返しをしながら、つまり、徳を積み、人格を高めながら、同時に、科学的な認識を深め、共感する能力を高めて芸術文化力を開発する活動であるということができる。

人が恩を感じ、恩返しをしながら、科学的な認識を深め共感する能力を高めているとすれば、この活動は、まさに日本固有の学習社会の創造である。ここでは学習は、単に科学的知識を獲得するだけではない。互いに尊敬しあい、人格を高めあい、個性を発揮しあい、差異から学びあい、育ちあう、新たな人間関係の誕生である。

これこそまさに、学習社会の創造ではないか。欧米の研究者が、二一世紀の前半に発見したことを、尊徳は、すでに一九世紀の後半に発見しているのである。[3]

さらに、尊徳は、学校教育における読み書き算盤教育や古典教育の重要性にも、言及している。学習社会の創造は、農業現場での学習と、学校教育とのコラボレーションによって実現するのだ。

尊徳は、学校教育と並んで、書道家による文字の教育、医師による治療行為、数学者による事務仕事の支援、建築家による建築活動、商人の取引による諸品の流通なども視野に入れたうえで、学校教育について次のように、述べている。

学校の教えがなければ、聖人・賢者の道をわきまえることはできない。学校の教えによって、はじめて、聖人・賢者の道を知ることができる。だから聖人賢者の道を知ることは、学校の教育にかかってい

る。(4)

農業を基軸とした、現場の学習による社会の構築、学校教育による社会の構築。前者は、一人一人が自然や人間と向き合い、創意工夫し、仕事のある方を独自に創造してこそ、人格を高めつつ、知識を身につけることができる。

これに対して、学校教育は、知識の起源を深く理解し、考え方や論理の運び方を学ぶには適しているが、教師の人格によって、大きな影響を受ける。したがって、教師に服従するような、一方的な関係を尊徳は重視せず、タテの〝つながり〟においても、「学びあい育ちあい」が存在することを認めている。その意味では、学校という枠を超えた、広い意味での教育システムを尊徳は視野に入れており、家族・先祖、地域・祭礼などの教育に果たす役割を評価した。現代でいうならば、社会教育システムである。

以上から、二宮尊徳は学習社会の創造を理論的にも、実証的にも解明した開拓者だったと結論できる。

2 食文化思想・実践から見た尊徳思想

はじめに――尊徳・幼童を諭すの歌と食文化

『三才報徳金毛録』の最終章は、「幼童を諭すの歌一二首」で締めくくられている。このなかに、食文化に関するものが一つだけある。分かりやすく表現すると、以下のとおりである。

お腹に、よき、お食事をいただいて、食器を納める尼さんの満ち足りた表情を見れば、どのような仏の教えにも勝る、悟りの境地があるようで、感動せざるを得ない。

尊徳はこの歌を通じて、食文化が人間の至福の姿を実現し、健康、人間関係、いきがい、などの幸福度を最高にすること、これこそが無上の歓びであると詠っている。たしかに、食文化は、数ある文化の中でも、くらべもののない、幸福感をかもしだすものとして、人類の歴史を彩ってきた。いま、和食が世界的な話題となっている。ここで食文化の今後を考える中で、尊徳思想の核心に迫ってみたい。

大船渡のおもてなし隊と、地元食材を生かした食文化交流会

東日本大震災後、何度も、岩手県の遠野市や住田町を訪れた。この二か所は、大船渡や釜石など大津波に襲われた地域への復興支援ボランティアが宿泊し、鉄道便や、車で沿岸に通っておられた地域である。

住田には五葉地区公民館として多目的ホールと、大きな体育館がある。この体育館が、二〇一八年五月のふるさと創生大学開校式の会場であった。この開校式には、住田町長をはじめ、地元の方々がご臨席いただき、多くの社会人学生と、地域の方々が出席していただいた。有難いことに、京大時代の池上ゼミナールの有志（すでに、七〇歳を超えた方々も含めて）が多数ご参加いただいた。病床におられた、元京都大学副学長、植田和弘先生からもメッセージが届いて、心底感激した。長生きしてよかったという実感である。

このとき、懇親会の料理が地元の食材を活用した豪華な内容であったが、それを提供し準備してくださった団体の名称が心に残った。それは、「大船渡おもてなし隊」というボランティア団体であった。

震災復興における地域創生：遠野と大船渡の食文化

――地域間の学習と文化交流：地域を生きる営みの継承と創造

ふるさと創生大学の学舎が完成。二〇一九年六月一日から、本格的な「地域創生への学習・研究・行動」が展開される。そのための助走が、ふるさと創生大学、創設以来、丁度、一年になるのを記念して、二〇一九年連休明けの五月一〇日～一二日の三日間開催された。

ここでのシンポジアムは、気仙・住田、遠野の地域間文化交流、それも、食文化を、両地域のふるさと創生大学大学関係者が「各地元の食材を生かした創作料理を「ともに体験する」ところから始まったこと。これは、画期的なことであった。

もともと、明治維新まで、気仙・住田は伊達藩、遠野は南部藩。両地域は言語も違えば、習慣や祭り文化も違う。伊達の鉄砲隊が当時の最先端技術を象徴し、南部への入部行列祭りは、華やかな宮廷文化を象徴してきた。対立の持続も厳しくて互いに関所を設けて、間者の侵入を防ごうとした。

明治となって、西洋文明のシンボルであった、鉄道によって、両地域は、国鉄、遠野駅、（住田の）上有住駅で、隣接した地域となり、遠野の宮守や上郷は道路交通の交流拠点となった。鉱山開発など、産業としての共通性も生まれ、最近では、大震災からの復興道路によって、上有住、遠野両地域が最短距離でつながった。ふるさと創生大学の学舎が住田の上有住にできて、遠野の上郷地区と密接に交流できることとなった。

今回の企画では、初日の会場、遠野市、上郷地区の素づくり亭、ここが、住田町土倉・中埣にある、上有住の学舎・研究棟とつながった。遠野市と気仙郡がつながったのである。

もともと、住田の学舎群は、住田町の五葉地区における文化施設としても位置づけられている。今後、子ども図書館としての整備を出発点として、生涯学習用図書を揃えるだけでなく、気仙大工の腕前を記録した古民家博物館として建築構造が理解できるようにする。そして、裏山を生かした散策路を拓き、ハイデルベルグ・京都と並ぶ「哲学の道」を生み出す。さらに、隣家から無償でご提供を受けた農地（ふるさと農園）での農家体験学習とともに、研修や観光の拠点となる。

他方、遠野市における体験農家体験民宿、素づくり亭は、ふるさと創生大学の遠野本部となる。この地は、地元小規模農家を結ぶ遠野コミュニティ産直（かみごう）にも近く、古民家を生かした立派な宿泊施設やピーナッツ菓子を生み出す工房でもある。その意味では、伝統文化、産業文化の発信拠点でもあった。同時に、地元の高校、中学生の研修の場、国際的な農村留学生の宿泊や文化交流の場である。ここは、さらに、営農、とりわけ、ホップ栽培希望若者たちの居場所でもあり、研究交流の場であり、地元の篤農家や農産加工事業の産業実験の場でもある。ご当主、菊池貴久子さんは、移住してくる農業志望の方々の支援者であり、ピーナッツ栽培の名手。ピーナッツを炊き込んだ赤飯、皮付きピーナッツの砂糖菓子はお土産としても好評であった。

写真説明：(上)「地域コミュニティ経営のあり方を考える」シンポジアムで話題を提供する藤井洋治氏；菊池貴久子氏経営「素づくり亭」。
(下) 当日参加の方々。2019 年 3 月 10 日。

震災復興と、遠野のおもてなし

素づくり亭のある、遠野市上郷地区で菊池貴久子さん、京都の金井萬造さんの主宰で食文化シンポジアムが行われた。

ここは、気仙への入り口であり、かつては鉱山産業で栄え、鉄道駅もあって、対外的な文化交流拠点でもあった。したがって、ここは、地域を拓く構想や力量を持つ在野の知識人が輩出している。同時に、伝統文化の地で、全国に名高い、「平倉かぐら」があり、伝統の祭り、「獅子踊り」の中心地でもある。篤農家が多く、織物などの伝統の技にも強い。遠野文化における一つの中心地である。

この地の食文化のシンボルは上郷産直である。そこには、小規模農家が、それぞれの個性を生かした農産物や畜産物を持ち寄り、生産者の氏名を記した売り場がある。生産者の顔が見える市場なのである。

私も、遠野を経て住田に行くたびに立ち寄らせていただき、輸入したという高性能の機器で、日本一おいしいソフトクリームが頂ける。そばを中心とした、地元の献立も素晴らしい。産直かみごうの菊池千恵子氏によれば、ここは、地区内小規模農業者がひろく参画しやすい受け皿づくりの一環として整備され、農地の有効利用や遊休農地の解消、牛乳の利用促進による酪農家の魅力増進、地産地消の推進などを目指してきた。市場の中に、地元の伝承料理が味わえる農家食堂もある。ここは、「遠野のおもてなし」のシンボルであった。

わたくしは、大震災後、気仙・陸前高田市の被災地復興にボランティアとして参加し、後方支援基地としての遠野で、山・里・くらしネットワークによる「被災者への湯治によるおもてなし」に出会った。関西方面からの団体の財政的支援を生かして、交通手段を担うボランティアが復興住宅の被災者を遠野の休養施設に案内し、「入湯によるケア」として、入浴、地元の海、里、山の食材を生かす「おもてなし」を実行する。

そこでは、それぞれの地域の民謡や踊りを披露しあう伝統文化交流もあった。当時の震災復興住宅は狭小で冬は寒く、声は筒抜けと言われて落ち着かず、生活の質から見て、不完全な住居が多かったようである。

このような状況の下での「遠野のおもてなし」は、極上の「癒される場づくり」であった。このような復興支援は阪神淡路の大震災時に「足湯」によるケアがボランティア活動として実行されたことと並んで人々の「心の〝ひろがり〟と〝つながり〟」を生み出してきた。日本における「心の復興」である。

ここでの食卓には、遠野の食文化が提供された。遠野の食文化の特徴は、飢饉のときにうまれたという「ひっつみ（粉食を生かして山菜・伝統野菜などと汁物をつくる）」と「海岸からの海産物を生かした焼き物・酢の物」、極上の米食と食後のおいしい果物が並ぶ。この食文化こそ、人々の心が通う媒体であった。豊かな市場を背景に持つ、〝湯上りのご馳走〟である。

「気仙おもてなし文化」

他方、気仙地域の震災復興においては、大船渡の地元のボランティアが、全国からのボランティアに対して「おもてなし隊」を組織された。遠野のおもてなしは、被災地から遠野に来ていただくなかでのおもてなしであるが、大船渡は、被災地のただなかでの〝おもてなし〟である。

「隊」の志田裕子氏によれば、大震災から一年後、「大船渡は水産の町」なのに海のものが採れなくなった。だったら、せめて、いまあるもの、今できること、遠くから来てくれた人を楽しませるもの、思い出になるものは何か。六人で考えて、地元の食材を使い、すべて手づくりで、地域に伝わるおもてなしの心と感謝をと、「おちつき」という、正式な膳の前に出す料理（うどんやもち）に因んで、「現代のおちつき」を創意工夫された。

「おしながき」によれば、「水もち」「うどん」「お煮しめ」「なます」「香の物」「季節の小鉢―アワビの肝」デザートを、一つの盆にまとめられている。

おそらく、ボランティアたちは、大船渡に到着して、不安や期待で動揺しながら、この「おもてなし」によって、心が落ち着き、やりがいのある仕事が見えてきたに違いない。

大津波で荒廃した土地へのボランティアたちは、気仙地域の場合、住田町五葉地区の公民館、体育館などに宿泊し、風呂もないままに、コンビニなどで食事をとり、列車などで大船渡などの現地に向かった。

現地に到着したばかりのボランティアを訪問客として、丁重にもてなそう。このような、有難いお気持ちが、気仙にはある。これは、来訪してくださるボランティアへの恩返しであり、同時に、この地の食文化の伝統を科学的に調査し、味、風格、栄養や形にも配慮して『おちつき』という伝統料理を現代的に創意工夫して新たな「おもてなし文化」を生み出された（二〇一八年五月に住田でふるさと創生大学を開いた時も、大船渡の〝おもてなしたい（隊）〟のお世話になったことはすでに述べた）。

これは、尊徳の言う「科学的認識に裏付けられた〝恩返し〟」であった。この地には、学習社会の創造の伝統が生きていたのである。

この人々は地元のボランティアであり、地元の人ならではの親しみを生かして、奉仕活動をしながら、同時に、各地からボランティアとして到着した方々を手厚くもてなしてくださった。これこそ、何よりも尊い「心の通う復興」ではないだろうか。このような復興があればこそ、このような「つながり」を生かした、互いを尊重しあい、学びあい、育ちあえる「復興・文化によるまちづくり」が実現していくのであろう。

気仙、遠野に共通する〝あたたかな「おもてなしの心」〟こそ、地元の「結い・きずな」とともに、この地が世界に誇る気風であり、豊かな風土を象徴するものであった。

おもてなしを支える森の案内人

五月一〇日、午後に、素づくり亭で、遠野・気仙の食文化を交流し、京都の食文化を伝える画期的な試みが行われた。「地元の郷土に伝わる食文化」シンポジアムである。このシンポジアムに登壇された、「すみた森の案内人の会」吉田洋一氏は、森が全面積の七〇％を占める住田町を、「森の博物館」と見立てる「森のガイド」。

宮沢賢治が通い、作品の舞台となった、住田・種山ケ原は、星空の美しい森のある高原で、ライブの舞台ともなる。渓流釣りの本場である気仙川源流地域とともに、森から学ぶ大人と子供の教育の場を生み出されてきた。

森が新たな「おもてなし」の舞台となるのである。

案内人は、森の文化や自然を知り尽くし、森の資源を生かした産業おこしにも取り組まれていた。おもてなしとともに、森の開拓者であり、森の資源を生かして人々の生活をよくする「しくみ」を周知しておられた。みずから製造された、楓の樹液から得られる「メイプル・シロップ」は絶品で、当日、会場で頂くことができた。上品で穏やかな味は、輸入品より遥かに上質であった。さらに、吉田先生は、山菜を調達できる、稀な腕前を持たれた方で、当日の食材も、吉田さんに負うところが多い。

訪問者は、森や渓流での楽しみや遊びを学ぶ。ガイドは森の世界と訪問者の世界を結び付け、都市の文化と森の文化に「学びあい育ちあいの場」を生み出す。

住田には滝観洞《ろうかんどう》にみられる全国一の洞窟内の大滝があり、アンモナイトの化石が出土し、人類学研究者、横田幸子氏によれば、住田の地には一万二〇〇〇年前の古代人、縄文の遺跡があり、その学術的価値は高い。

また、金山跡や、石灰岩採掘の現場があり、産業観光も可能である。このような多様な資源を、「森の博物館」として、総合的に活用すれば、復興道路の開通と相まって、おもてなしの風土を持つ、新たなコミュニティ観光文化が誕生するとの指摘もある。

遠野農業についての体験学習を語り合った、夜の部は奥寺さんのお話を中心に、さらに深い学習が進んだ。

「学習観光すみた・遠野・大船渡」の新たな発見である。

食文化を入口とした、「海と里、森をつなぐコミュニティ観光文化が花開くこと。これが期待される。

「海と里山を継ぐもの」——体験学習農業・地元食材・京の「おばんざい」

このシンポジアムで、「海と里山を継ぐモノ」と題して報告された、京都の岸本直美さんは、地元食材を生かしつつ、当日の新たな創作料理を大船渡、遠野、住田の方々と協力し合い、農村留学の中学生からも支援を得ながら、大変なお仕事を引き受けられ、奮闘されて豊かな食膳を盛り上げてくださった。

海の幸、鰤を赤ワインに馴染ませて焼き上げる逸品や、ワカメと鶏つくねのカレークリーム煮、金時マメのフェージョン、ナガイモ・カレー漬けなど、山菜料理などの地元料理と、よくバランスしていて、膳に盛り付けたデザインも最上であった。

「食文化を入口とした、海・里・森から学ぶコミュニティ観光」

これは新たな文化交流を踏まえた観光産業が誕生した瞬間であったのかもしれない。

大都市における食文化の衰退と再生への道

いま、日本社会では、食文化を基軸として、各地に食産業が発展してきている。これらが、日常の生活者のニーズに応答するだけでなく、急増する高齢者関係施設・病院などからの食ニーズに対応しつつ、「外食」と「ナカ食」、あるいは、「個食化」と「食の集合化」という四つの方向に応えて発展している現状がある。

その際、大手チェーン店が各地で、再編成を余儀なくされており、量産・大量消費・価格破壊システムが限界に来ていて、閉店に伴い、各地に、買い物難民が発生し始めている。アマゾンなど大手の情報企業が仮想市場を広め、短時間配給制度を駆使して追い打ちをかけている。

そのなかで、「食」は、人間にとって健康の源泉であるにもかかわらず、従来は、個人の個性的ニーズよりも、画一的量産型供給システムが支配し、大量消費と大量廃棄の拡大があった。

この結果、大都市の食文化は、農産物などの現場から切り離され、地産地消の動きからも遠くなり、農産物自体が商品投機の対象となる。野菜などの価格が高騰し、生活苦に追い打ちをかける。

その結果、農村地域における道の駅など、産直市場の拡大、都市にける産地直送市場の拡大、農村に向けての定住希望者や水利などの応援ボランティアの増加、農家民泊や、農家レストランの登場、有名シェフの農村での開業、大震災に伴う大量のボランティア活動と、都市と農村の交流など、食文化をめぐって、新たな動きが台頭してきた。

高齢単身家庭や、核家族化や、青年層の生活様式が変化する中で、本来の多品種少量生産の蘇生が大きな関心となりつつある。

このような変化の背景には、大別して二つの流れがあるようだ。

一つは、個性化・個食化が進むなかで、個別の商品にたいするニーズや変化の方向が見えなくなり、商品の淘汰や、ファッション化が進めば進むほど、量産型生産のリスクが高まっていること。

二つは、これに対して、個別商品を質的に高めながら、人を対象として、一人一人とのふれあいや、食品の固有性を活かし、消費者の享受能力に配慮した、個性的な販売方法が増えてきたこと。

これによって、消費者が多様な商品や調理方法に触れ、あるいは、会食の場によって、評論や評価の機会を持つこと、また、体験による調理学習など、対面販売の重要性と的確なニーズの把握、供給側の柔軟でしなやかな応答による安定した事業化の方向である。

とくに、後者の方向性を考えるとき、重要性を持つのは、自然と触れ合う環境の下で、地域の人々が交流する場づくりであり、場において地域の食文化を担う代表的な人材が、地域のシンボルとなりうる創造的商品やサービスを開発して、消費者との対話の中で多くの消費者を学習者として教育することである。すなわち、彼らは味の分かる、また調理についての関心をもち、熟練の方向性を追求する人材として位置づけられる。

このようなシステムが存在すれば、食文化産業への需要が拡大した時には、多くの支援者が即時に登場し、地域に「おかね」が落ちることは明白である。これがまた、地域の購買力に返ってくるように、質の高い食文化を提供することが必要となろう。

そういえば、会津を訪問した時、棚田の堰を保全し、農業用水を確保するボランティアが、有機農業とのかかわりを持って、同時に、かれらが販路を紹介し、消費者として有機の米を買ってくれる、との指摘を思い出した。

顔の見える農業支援の〝営み〟が、有機栽培の現場における生産を支援するだけでなくて、有機米の流通や消費にもつながる。これは、有機の米を使う外食事業における、消費者がよい味を知り調理方法を知って、事業支援者にまわることともどこかでつながっているようだ。

では、次に、食文化から、衣の文化、衣の文化と一体のインテリア文化における「学習社会の創造」に注目しよう。

3 衣の文化、インテリア・デザインの現代的な展開

食卓の美＝食文化から、衣の文化やトータルなインテリアへ

尊徳の「幼童を諭すの歌」に次のようなものがある。

めしとしる木綿着物は身をたすく
その余は我をせむるのみなり

この歌の意味は、お召し物などと、上品な場に着ていくものを求められたとき、絹ではなく、木綿のきものを差し出すのは、気か引けますね。でも、木綿着物こそ、生活には欠かせない一流品なのです。

とでもいおうか。

尊徳一流の皮肉を込めた、庶民生活支援の一節である。

遠野や住田を訪問していると、「手織りの良いもの」を自分で創っておられて、「人に売るためではなく、自分の可能性を見定めるため」とされる方々に出会う。材料も裂き織という、何度も使用した布をあわせた織物が伝統文化として根づいている。

遠野を訪問した、ある日、遠野の伝統織物を知りたい、というご希望で、ハンドクラフト・デザイナーとして力量の豊かな越智和子さんをご案内していた。

越智さんは、長らく近江の麻や、京丹後の貝殻織など、日本各地の伝統の繊維を現代的デザインと結合して、大都市の市場や、国際市場（パリなど）に出すこと。それによって、日本の伝統を今に生かす、敬愛すべきお仕事を達成されていた方である。

有難いことに、今回は、遠野に関心を持っていただいた。

越智さんをご案内したのは、民泊で遠野観光活動のお手伝いをしておられた、工芸家のお宅であった。この民泊には、わたくしと一緒に、遠野に足を運んでいただき、わたくしが遠野緑峰高校への研究費支援を呼びかけた時、真っ先に応募していただいた方が宿泊されていた。麻畠織物社長、麻畠正資さんである（麻畠さんは、その高校の卒業生に、毎年、美しいネクタイをご寄贈いただいていた縁者である）。

このお宅の工芸家は、山ぶどうの蔓を編んでハンドクラフトの製品を生産しておられたが、遠野で、このような仕事を認めてくれる雰囲気ではなく、しかし、工芸作家としての道も大事にされていて志の高い方であった。越智さんは、挨拶が済むとすぐに、裂き織の作品に手を通して「いいですね」といっていただいた。これがきっかけで、工芸家は越智さんのご助言を得ながら、一歩一歩階段を上るように腕前を上げていかれた。二、三年経過したころには、仙台の百貨店に出品され、大阪などにも出品できる腕前に成長されていった。

越智さんと、遠野の文化人、小山美光さんや浅沼亜希子さんとのコラボレーションも順調に進み、ついに、遠野で、工芸家の作品を基軸に、展示会を開催するのに成功された。その御着眼と粘り強い実行力には敬服のほかはない。

さらに、遠野緑峰高校生と「暮らしのデザイン」でご指導いただけることとなり、遠野の食文化を、ハンド・クラフトの作品の中で、良い雰囲気に包まれて賞味できる機会をつくっていただいた。緑峰高校の生徒たちが主体の遠野伝統野菜研究会が提供するスープも素晴らしく、ナプキンを手織りで、花生けを工芸家が指導していただいて、みんなで手作りを楽しんだ。高校の実習室が華やかなインテリア・デザインで、食文化の質が一段と上がったと感じた。

それは、越智さんによれば、高校生に教えていただいた、郷土料理を楽しむひと時、これを、地元の方々とご一緒できたこと、椿と蕗の薹のアレンジ、ヒッツミ、早池峰菜スープの味と共に参加者の、記憶にのこり、当初の計画以上の食事会となりました、とのご評価をいただいた。

わたくしのあいさつの趣旨は以下のとおりである。

快晴に恵まれ、第3回暮らしのデザイン、見事な食卓の総合美、ご達成おめでとうございます。

簡素で美しいものには、常々、あこがれを持っておりましたが、三回にわたる職人仕事の積み重ねと、自然の素材を生かしたインテリア・デザイン、椿と蕗の薹のアレンジ、ヒッツミ、早池峰菜スープの香りと味、古代からの穀・自然食のおむすび（にぎっていただきました方々に感謝）。

遠野の歴史と地域を、この食卓に凝縮し、遠野緑峰高教育をシンボル化して、総合的に認識することができました。

地域の学校生活を「郷土料理を現代的なデザインのなかで創生する」〝営み〟。

そして、生産と享受を担ってこられた地元の方々とご一緒に教師と次世代が「学びあい育ちあった」体験学習。

遠野緑峰高校が生み出されました拓心全人教育とは、まさにこのようなものであったのか。

現場の先生方とのお話し合いの中で、生徒たちがうまみ成分の分析を科学的に行い、どうすればよりよい味が出せるのかを化学の知識を生かして考える機会をもっていると伺いました。食事をするという「生命をうみだす過程」を「食卓美」を通じて体験しながら、科学的な知識を理解し体得していくこと。これは、人々が、生命・生活を豊かにするために、感性、理性を、食から学び、参加者がともに学びあい育ちあう教育の場でした。感動いたしました。

今後の教育の姿を、ここに観たように感じました。

越智先生がお勧めになりましたこと。今後は、和食と工芸、衣装と工芸、「インテリア・デザイン、建築物、まちなみ、コミュニティ・デザインなど」へと続いていくことと考えております。

これまでの、ご構想の豊かさ。改めて実感しました。

デザインを媒介することによって、伝統の技が単なる事業継承のみではなく、創造性を持った事業発展となることも、よく理解できました。ありがとうございます。

食文化と、衣の文化からインテリアへと話が進んだ進んだところで、次に、建築という話題に移る。

4 学習社会の創造における私的所有の意義と限度
——尊徳思想における小農の位置と地域ファンド形成の役割

はじめに——現代における小農の復活と尊徳思想の意義

小農の権利宣言——国際的な動きと国連

現代は、農業における家族経営と小農復活の時代である。

日本農業政策においては、依然として、大規模農業主義が有力であるかに見えるが、国際的にみると、世界の大勢は、小農の復活と家族経営の方向に向かっている。

二〇一八年一二月一七日、国連総会は、「小農と農村で働く人々に関する権利宣言」を、賛成：一二一カ国、反対：八カ国（アメリカ、イギリスなど）、棄権：五四カ国（日本を含む）で採択した。

小農を重視する公共政策は、大規模生産の効率性を損なうとか、破滅に瀕する小財産所有の反動的行為であるか、従来、さまざまな非難を受けてきた。日本においても同様である。

しかし、今、世界の大勢は、農業は製造業と異なり、規模の経済にかかわらない、品種の改良や有機肥料による土壌改良によって、生産性を向上させることができるという認識が広がっている。例えば、大きな農業機械を導入して、生産性を上げる方式であれば、規模が大きいほど、生産性が上がる。

しかし、情報化社会では、小型で高性能の農業機械が採用可能である。品種の改良は、経営規模にかかわらず、面積当たりの収穫量は変わらない。土壌の改良も同様であり、経営規模の大小には関係なく、面積当たりの収穫量は変わらない。さらに、環境問題や食料主権を考慮すれば、大規模で、人間の目が行き届かず、環境汚染の危険が高い農業よりも、小規模で、直接に、人間の目が届く農業のほうが持続可能性が高い。食料主権という点でも、景気変動や投機の波を受けると急激に供給力が低下する大規模農業よりも、小規模で、地産地消が可能、自家消費も大きな農業が必要とされる。

アグロエコロジーを目指す、国際組織「農民の道」（ビア・カンペシーナ代表・国連決議の発議者）は、中小農業者、農業従事者の国際組織として、一九九二年に設立された。中南米を中心とした、新たな農民活動が始まり、国連世界食糧機構（FAO）は、二〇一三年、アグロエコロジーを世界的に推進するために、「農民の道」との連携を発表した。[5]

情報革命下の日本農業

日本農業は、耕して天に至るほどの零細小規模家族経営農家が大半を占める。荏開津典生・鈴木宣弘『農業経済学』（第四版、岩波書店、二〇一九年）によれば、二〇一〇年の時点で、日本の農業事業所数は約一六三万、一事業所当たりの従業員数は一・六人、GDP（国内総生産）に占める割合は、一・二%であった。[6]

また、一経営当たりの耕地面積で見た、農場の規模は、同年で、日本が一戸当たり、一・八ヘクタール、フランスで三五・五ヘクタール、アメリカで一七二・四ヘクタール、オーストラリアで三一五・三ヘクタールであった。[7]

日本は、典型的な独立自営農の国であり、農業における大企業が少なく、多品種少量生産が実行されている地域である。

このことは、農業における生産性が低く、農業だけでは生活できないことと同一視されがちである。しかし、日本の農作物は小規模農業でありながら、品目ごとにみると、生産性も高く、水質が良くて、気温差が激しいので、適切な土壌改良による生産性の向上と、種子の改良による生産性の向上を実現すれば、国際競争にも耐えうる公正競争力を持つ。同時に、耕地面積が小さいので、専業農家としての収入を確保するのは難しい。そこで、大半の農家は兼業を志向し、第二種兼業と呼ばれるが、農外就業の内容が不安定な臨時雇用形態から、恒常的な勤務を主とする安定兼業となった。[8] 夫婦共働きで、教員職・看護職・介護職・小売り商業職・卸売商業職・公務員などを兼ね、農業を家族経営としてみたときには、総合的に見た、家族経営が安定感をもって持続するのは当然であった。

農業のみの収入では、年間、五〇〇万円相当であるが、[9] 専門職者となれば、一人年間六〇〇―七〇〇万円、共働き家族全体でみれば、年収一八〇〇万円すら可能である。今後、テレワークなど、農耕生活と両立しうる働き方が普及すれば、この傾向はさらに強まる。

今後、農村においても、都市においても、小規模な農業を営みつつ、恒常的な勤務形態を共働きで実現する家族の増加が見込まれる。

この働き方は、食料や資源の確保を可能とし、自給率を高め、農業の第六次産業化や、農工商サービス事業の連携を進め、多品種少量生産を進めて、質の高い生産物や製品・サービスを生み出していく。

このような状況が生み出されたとき、食糧危機や資源危機、通貨危機などに備えて、市民一人一人が「ふるさと」を確保しつつ、自然に触れる農業体験を通じて健康を回復し、長寿で、子供を育てる良好な環境を確保するのである。

そのかわり、大規模な機械を用いた「大量生産大量消費」システムは、画一的な生産しか実現できず、多品種少量の「一品もの」が個性的な消費者によって求められる時代には「半製品的な」あるいは「原材料供給」システムとして生き残るしか道がなくなる可能性が高い。

A・トフラーが研究した、「情報革命」は、大量生産大量消費ではなく、多品種少量で質の高い消費志向、供給システムも、農業社会のような「分散型」へと、農工商サービス事業共に向かっていくのである。製造業も、将来は小さな家の家族経営で、小規模な高性能機械を動かす、「プロシューマー」へと変化していくのであろう。

大規模製造業やサービス業は、組織の巨大化に伴う、官僚制の肥大化時代を迎えている。官僚制は、M・ウェーバーが指摘したように、最高管理者に情報を集中して、分業システムの各部署には部分情報しか提供せず、各部署で働く個人は、全体情報を得て、あたかも社長であるかのように総合的な判断を下すことはできない。潜在的な学習力量を持つ、各個人にとっては耐え難い「疎外状況」が発生する。そこに成果主義による生存競争システムが持ち込まれると、健康を害し、全体情報に無関心となり、上層の管理者に対して、批判や制御の力量を失ってしまう。

批判や制御のシステムを欠く、上層の管理者は、コンプライアンスの精神が弱まり、大規模祖組織には発生しやすい利権の誘惑や安全性を無視したコスト削減の慣行をチェックする力量を失う。大企業における汚職や贈賄の事件が続発し、公共的な補助金の管理にまで弛緩した組織の体質が及んでしまう。

この結果、集中と集積を繰り返してきた大企業体制は、公正競争の法的な規制が実行を持つ場合には、次第に、分権化や企業の分割を受け入れるようになる。だが、先進諸国の独占禁止法をはじめとする公正競争関係法は、情報技術の普及とともに、相次いで規制緩和の対象となり、大規模企業の国際的な展開を許容してきた。

今後、国際的な独占禁止の潮流が再生し、国連など、国際機関の権威が回復して、世界的に、大企業課税や公正競争のシステムが成立すれば、状況は一変するであろう。

国際世論は、漸く、小農の権利を認めるところまできた。今後の動向が注目される。

注

（1）この書の成り立ちについては、尊徳研究者の間で、別人の書いた原稿を編集したものだという見解もあるが、尊徳の生涯にわたる実践と合致する内容なので、尊徳の自作とみて差し支えないと思われる。児玉幸多「三才報徳金毛禄・解題」（児玉幸多責任編集『日本の名著26 二宮尊徳』中央公論社、一九七〇年）には、次の指摘がある。尊徳研究者である佐々井信太郎氏によれば、「この書は天保五（一八三四）年のころから数年、桜町陣屋に出入りしていた書家不退堂倉田耕之進が多くの原理書類から集め、その記述も所所改作して一巻としたと思われるしるしがある」（同上、三八〇ページ）。

（2）児玉氏の原文は「宇宙輪廻の啓示がもたらした、科学的な洞察……」となっているが、ここでは、より分かりやすい表現に改めた（児玉幸多「三才報徳金毛録・解題」、同上、四一六ページ）。

（3）この大発見が日本の世に出なかった理由については、明治維新政府が尊徳仕法を禁止したことと合わせて、今後の大きな研究課題である。

（4）同上、四一二ページ。

（5）尾関周二「環境と平和」（二〇一九年九月五日、地球憲章研究会（東京）における報告レジュメ）、一〇ページ。

（6）荏開津典生・鈴木宣弘『農業経済学』（第四版、岩波書店、二〇一九年）、八一ページ、表6―1参照。

（7）同上、六九ページ、表5―4参照。

（8）同上、二〇四ページ。

（9）同上、八〇ページ。

第5章 推譲思想と尊徳仕法

1 はじめに——現代に生きる尊徳思想

至誠・勤労・分度・推譲

情報化社会とともに、小規模農家経営の時代が持続的に発展するとすれば、尊徳の時代に試みられて実績のある「小農振興策」は、現代においても注目すべき研究対象である。

尊徳は、至誠、勤労、分度、推譲を、自然と共生しながら人々が支援しあう関係の中で、学習社会創造の主要な柱として推進した。

至誠はまじめに生きるという意味だけでなくて、酒や博打《ばくち》におぼれず、自然や人と向き合えば、そこに、自然の理、つまり、法則や人間の徳性、つまり、信、智、礼、義、仁を身につけた人が見えてくることを指摘した。至誠は科学的で公正な目に通じており、自然も個々人も、自然の法則や、人々の生きざまが、よく見えてくるというのである。

そして、至誠を踏まえた勤労は、単に、勤勉に働くという意味ではなく、自然の理を知って働くこと。つまり、自然の恵みに対して、農産物を豊かに育て上げ、自然の恩に報いる報徳を推進するだけでなく、自然の厳しさも科学的に認識し、信を持って人々と連帯し、智を持って創意工夫しながら、礼を尽くし、、義を重んじて自分が人としてできることや責任を果たし、仁に厚くし他人の立場も考え互いに敬意をもって接する。

この上で、人はそれぞれの立場で守るべき「分」を心得て行動する。分度は、多くの人々にとっては節約、倹約の姿勢であり、藩などで公的な財産を浪費したものにとっては、緊縮した財務管理が求められる。

推譲とは、私有財産を否定せずに、大事にして、学習の時間や空間を確保しながら、同時に、財産を信託するということである。私的な所有がややもすれば、自分の学習成果を社会や人々に公開して還元せず、独占するという悪弊をなくそうとする。

これは尊徳所有論の核心ともいえるもので、私的所有、特に等身大の人間が持つ資産を基礎に時間と空間を確保して学習することである。これは私有財産の大事さを認識したものであり、尊徳の小農自立と小農による自由な商業こそ富の源泉であるとの認識がある。

その一方で、彼は大財産が持つ浪費性や寄生性、とりわけ、高利をもって貸し、相手を負債の底に落として、逃亡させるような行為を最も強く批判した。

大財産を持つものが、それを浪費して反社会的な状況を生み出すのを防ぐには、大財産を、私有権を残したまま差し出すこと、つまり、推譲することによって、逃亡した人々を呼び戻すきっかけをつくること。推譲した資金を土台金として、地域中のあらゆる階層の人々から、力量に応じて、資金や土地を推譲していただき地域ファンドを構築することである。藩主には、節約と減税を納得させて、債務の重いものには、公共事業、福祉事業などを地域ファンドで肩代わりする。

学習社会の創造が生み出す成果＝尊徳仕法の展開

その上で、この地域ファンドを予算化して、自然の恩に報いる、植林や水利事業を推進し、農業基盤を整備したうえで、至誠・勤労・分度の精神を持ち、精励奇特人として模範となりうる人材を地域人の投票によって選びだす。

精励奇特人には、奨励金を給付し、さらに無利子無担保融資を行って、債務があれば、融資分とともに回収し、独立自営の農民としての基礎を提供する。返済が終わっても、地域ファンドの恩に報いるために、冥加金を差し出すものも多かった。ファンドの活用は、農業基盤整備や小農自立などのほか、災害や飢饉に備えてコメの供給すら危ういとき、コメの備蓄だけでなく、稗や粟、そば、伝統野菜の漬物などを準備して、飢饉を乗り切る体制も構築した。

ファンドの活用は、貸付金の返済や、冥加金、独自の資産運用（金融など）などによって、当初の投資を回収し、余剰金が出れば出資者に配分した。

これは、独創的な地域再生方法であり、出資・投資方式による近代的な資金運用方法であった。単なる再分配や移転ではなく、投資して収入を確保し、再生期間が終了すれば、地域ファンドを解消して、私有者である出資者に戻す方式である。尊徳自身は、回収された資金を私有に戻したのち、別の地域再生地に土台金として提供する。

このようなシステムを尊徳仕法と呼ぶ。彼は、小田原の桜町から発して、各地に仕法を実施し、多くの成功例を残して、最後に、日光で実行中に死去した。

それは、現代にも通用する、推譲による、報徳による、二宮尊徳の〝営み〟であり、創造的な地域再生システムの発明であった。そして、この過程は、「学習社会の創造」が、仕法という形をとって、地域再生、小農の健全な発展社会の実現という新たな結果を生んだことを示している。

また、それまでの大商人がなしえなかった偉業であるが、幕末、尊徳は、私財を「天からの授かりもの」として地域再生のために差し出した。そして、地域の住民とともに、地域ファンドを蓄積し、地方の政府であった、藩には、農民への減税政策を採用させ、藩財政の浪費を修正させて、地域ファンドへの参加を要請した。

減税と地域ファンドの形成による精励奇特人（篤農家プラス商人）育成システム。奨励金と無利子無担保融資。植林や水路開発などをすすめ、病人や貧困者を救済しながら、農業振興のための物的・人的基盤を充実させることである。

尊徳が試みた当時の画期的な構想は、いま新たな時代を迎えて、飢餓に備えつつ、情報革命の成果を生かしながら、晴耕雨読ともいうべき学習社会構想を生み出した。農業を営みつつ、テレワークを身につけた人々をはじめ、多様な専門職者が安定した食料供給を行いつつ、創意工夫と研究開発によって、社会的規模でイノベーションを実現する社会である。

農村に学舎をおき、自然と農業に向き合いながら、学術・芸術・技術研究教育の場を拓いて、各地に「ふるさと」を創生し、地元の建築文化を継承・創造して、村や町を生み出す時代。

研究開発の成果が創造的なイノベーション情報として、総合的な学術データベースや出版物のかたちで、持続的に、発信され、事業化される時代。

総合学術データベースからの学習を基礎に、現地を訪問して、学習し研修する人々が増加し、これらの交流人口から定住人口が生まれ、地元にあって、農業を継続する人々共に、さらに質の高い、イノベーションが生み出される時代。

これがいま着手され始めているのである。

2 推譲による総有と信託制度の活用
――〝荒蕪を開く物語〟が生み出す推譲・総有と信託制度

尊徳仕法と、古民家、町屋の信託による〝まちづくり村おこし〟

いま、日本の各地で「古民家、町屋の信託による〝まちづくり村おこし〟」が模索されている。岐阜県の中心都市や、京都などでの問題提起、あるいは、特区制度を利用した先導的な試行など、さまざまである。

日本の信託制度は、信託銀行における私有財産の運用による収益確保や、鉄道会社の車両確保の手段として発展してきたが、基本は営利事業である。とくに、都市再開発事業における土地価格の上昇、それを基礎とした株価の上昇を前提とした資産の信託・運用は資産所有者、信託銀行、開発事業者などに大きな利益をもたらしてきた。

しかし、日本の「荒蕪を開く」歴史を回顧すれば、二宮尊徳をはじめ、多くの先駆者が「総有」「信託」の考え方を開発し、活用して、地域の再生を実現してきたことが分かる。

例えば、尊徳仕法は、尊徳自身が仕法土台金というかたちで、自分の私有財産を仕法システムに提供し、地元の土地所有者、資産家、医者など、提供しうる資産を持つものから資産の信託を受けた。

さらに、尊徳は、当時の藩（大名）からも、藩財政からの仕法組織への信託を求めている。次の仕法モデルは、有名な日光仕法のものであるが、かれは、このような「予算・決算」を単年度ではなく、一〇―二〇年の長期にわたって、構想し、形成し、実践した。

尊徳は、小田原から東日本全域にかけて「尊徳仕法」を展開した。

現存する仕法モデルは、日光神領荒地おこし返しの仕法目論見、日光再興策御仕法雛形（一八四四―四六年）のもので、今市の民俗資料館で印刷され普及されている。

年間の歳入・歳出、無利息金融の三本建てになっていて、大略、次のような構造をしている。

ここでは、信託のシステムをつくりだし、それによって、

① 荒地再開発、森林保全、土木工事など、いわゆる「ハードなインフラ」と、

② 出精人表彰（篤農家というべき職人能力の保有者を表彰し農村全体が彼らを模範として互いに向上するシステム）・貧困者救済など、「ソフトなインフラ」＝「人的能力投資」が明確に示されている。[1]

仕法土台金は、初期投資であって、尊徳が中心となり、藩や地元の有力者が資金や土地を提供する。私有権は保留したままで、仕法が終了すれば所有者に戻る。

歳入	一般歳出	無利息金貸付総額
18847両	7959両	8447両
内訳	内訳	内訳
仕法金繰り入れ	荒れ地再開発	耕地開発
370	4007	3112
	面積	
	43711畝06	
土台金利息	植林	用水普請
3260	182	887
	面積	
	3196畝28	
相馬藩援助	本数90292	質地受戻し
3261	檜　50256	1499
仕法金返金	杉　38906	肥料購入
3101	槻　700	1116
無利息金返金	白檀　430	農馬購入
5343	土木工事	188
積立金利息等	用水新設・改修	農用具購入
947	道路新設・改修	84
初穂	堤防工事延長	家作・修理
22	耕地新開・再開	798
冥加金	潰し式取立	食料確保
164	出精人表彰984人	91
一時借入金	435	病気治療
732	困窮人救助875人	55
前年繰越金	891	借財返済
1644	諸色入用	127
	279	その他
		484
		借用延人数5,128人

出所：『日光御神領村々荒地起返離村旧復仕法入用米金請払取調帖』
今市市民俗資料館（1985年11月1日）による。

収益力の高い事業に活用して、利息を開発資金などに回しつつ、インフラ整備、産業振興、貧困者救済などを実行する。支出項目の諸色入用には、通常は寺社などの復興、祭りへの寄付などが含まれる。

仕法においては、藩の財政再建ではなく、生活圏としての村が再生事業の対象であり、当時の民間の力として、尊徳の出資や金融が軸となり、藩や住民の協力によって、仕法金が集められ、地域のインフラと、産業振興、福祉充実に重点のある、地域再生構想が生み出されている。

その構想の基本は、農民など手仕事に優れた職人の定着や交流を基本とし、離散しつつある農民＝職人を呼び戻す構想であった(2)。

尊徳の仕法における信託システムに対して、現代の「古民家、町屋の信託による〝まちづくり村おこし〟」は、所有者が高齢化などで活用できなくなり、放置すれば、荒廃する古民家や町屋を、非営利の〝まちづくり信託機構〟に、活用を委託して、修理や景観との調和を図り、研究所、研修所、学校、合宿所、図書館、商業施設、宿舎、レストラン、借家、などとして公共的に活用し、収入を伴うときは、企画や管理、事務などの人材への投資を中心とした運用を図る。

いまのところは、「古民家、町屋の信託による〝まちづくり村おこし〟」であるが、これを、尊徳の実績から学んで、コミュニティ再生事業、都市と農村の総合開発事業など、地域・農村・都市再生事業の拡充することも視野に入れる必要がでてくるかもしれない。

現代の「仕法」では、発達した銀行制度や信託制度、あるいは、情報技術、コミュニケーション・システムなどの発展や改善の上に、非営利組織としての「開発機構」が住民参加制度と共に活用しうる。

また、現代の「仕法」は、対話と協働をシステムとしても機能しうる。すなわち、

① 仕法の現場から現場からの芸術表現を伴う真実の情報発信（地域複合創造財の普及）、

② 情報を受容して学習する人々の享受と応答の能力育成（生涯学習・生涯研究システムによる支援）、

③ 学習を基礎に現地を訪問して対話し協働すること（調査・訪問・観光の人流づくり）。この三重の循環的活動こそ地域再生、よき習慣が定着する鍵である。

このような「仕法」による支援があれば、地域の地場産業、農業、新たな雇用の確保の場は、安定的に発展することが出来る。信託の研究は、私有や公有を超える総有という新たな所有研究の領域を拓くので、学術的にも最重要な課題を提起している。

3　推譲による総有と私的所有を維持しつつ超えるもの
——学習社会の創造を可能にする所有形態を考える

私有と公有の間には

学習活動においては、小農など、小さな財産を持ち、自立して学習の時間と空間を持つ人々の存在が重要な意味を持つ。私有の空間は、プライヴァシーを守り、人間の内面の自由を保障する。各人の自立した私有財産と基本的人権を認め合い、差異から学びあうことは、学習社会創造の原点である。

社会のすべての財産を国有化して、国家の支配下に置くことは、このような学習の場を制限する。官僚制が発展してくると、情報の偏在や、情報操作の余地が出てきて、差異が差別や格差の拡大の契機となることもありうる状況が生まれてきた。

他方、国有や公有を否定して、規制を緩和した社会においても、責任ある立場の者がフェイク・ニュースを発信し、世論を誘導しようとする動きや、大規模広告会社などによる世論誘導の動きも後を絶たない。大企業の不祥事も多く発生し、自由世界の威信は地に落ちた感がある。

このような事態が発生する根本的な原因は、時代の流れである、小財産所有者の権利拡大を快く思わず、知識も文化も財産からも疎外された弱者が学習によって、小財産所有者となることに対しても消極的な人々の存在がある。

そして、このような人々は、情報や権限を集中して管理体制を一極集中化するなかで、「上からの目線で」生存競争を組織的につくりだし、社会的な排除を強める傾向さえ見られる。

このような意味では、社会保障制度を整備しつつ、弱者支援を行う法制度が整備される中での「私有制」は中小零細財産所有者や小農が並び立ち、相互の人格を存しあったうえでの学びあい育ちあいという学習社会の創造にとっては、良好な土壌を提供してきた。

このような土壌を生かして、信託制度を活用するとすれば、人口減少地域に公共性の高い学校をつくること、それによって、地域ファンドが機能する場をつくり、そこに、公平な第三者である、有志、NPOや研究者、自治体関係者が現場におられるところでは、所有者の了解を得て無料で空き家や空き地を提供していただき、ふるさと創生大学など、公共的な学校が、「空き家管理人」などとして、地域に交流の場を広げ、交流の輪に、地元と、災害復興ボランティアなど、訪問者との交流の場をつくる。交流のなかから、定住の方向が生まれる。定住者は、有機栽培農業をしながら、地域の先覚から学習しつつ定住する方向を模索する。

ここには、私有を残しつつ、信託財産の提供を受け、それを活用しながら、学校やNPOなどの公共的な主体に財産を委託して、合理的で総合的な運用を図る方向性が示され、学習の場が地域に広がることを示している。このような状況の下で、地元に、尊徳が構築したような地域ファンドが形成され、農業や職人産業の基盤が構築されて、小農や中小零細企業、市民が支えあう関係が生まれたならば、地域コミュニティの状況は、再生に向け、創造的な発展に向けて一歩を踏み出すこととなる。

このような財産のありようは、私有ではあるが、活用は公有のようでもあり、そのどちらともいえない〝運用の妙〟が示唆されている。このような状態にある財産は、個人のものでありながら、コミュニティの人々のものとして活用される。

名称としては、私有でも、国有や公有でもない。協同組合所有でもない。適切な名称を探すとすれば、「総有」と言う表現が適切である。

二宮尊徳は、すでに、この総有を実践し、仕法を通じ、総有を用いて、多くの村を荒廃から再生した。

それは、尊徳が推譲する「土台金」あってのことであった。尊徳時代とは異なり、現代では、マイクロ資金を集める地域ファンドが可能であり、一定の期間をかければ、一億円から三億円内外の地域ファンドを構築することができる。全国各地でこのような動きが始まるならば、地域づくりの核として、学習社会の拠点、ふるさと創生学校の学舎を新設し、これを契機として、地域ファンドを構築する。

学習社会の創造を基礎とした、「信託財産システムによる地域づくり」である。

そして、現場に根差した学習活動や研究教育を通じた地域のつながりを再生し、被災地でいまだに仮設住宅に居住する方々への住宅供給や、営農志望の都市生活者に対する住宅提供、などから始め、次第に、新たな公共施設や農林工芸領域への研究投資など、各地に必要とされるものを整備していく。

従来の経済学や社会学では、私有と、公有、私的財と公共財の区別はあるが、この両者を超えるものは、容易に発見できなかった。経済学では、クラブ財と命名して、協同組合所有や、小集団による共有の存在を認めたが、これらも、個人が財産の一部を出資金や会費として提供して成り立っている。その意味では、株式会社などと同様に、私有の延長線の上における集団的活用の工夫ではあるが、私有の枠組みを超えるものではない。

総有は、信託という新たな視点を加えることによって、私有と公有の両者を超えてコミュニティのような両者が共存する空間を総合的に活用することができる。

これは、希望のある新たな所有論ではあるまいか。日本人、尊徳が19世紀後半に、この発見を行い、実践したことは、世界に誇るべき偉業である。

4　相互扶助の文化によって新しい地域の産業を創る
——地域循環型産業の展望を拓くには

はじめに——尊徳「仕法」の歴史的な意味

歴史家の研究によると、尊徳は、家産を失い、ゼロから立ち直って、農業の職人能力を備えた大商人に成長し、農村解体と離村に直面した小田原藩の再生に貢献。一八五五年、七〇歳で世を去った。天災や生存競争の中で敗北から立ち直った人物である。

当時の農村解体への推進力は、第一に、藩の浪費体質を反映した重税政策であり、第二に、税を払うための農家債務の増大、高利貸し資本の繁栄であった。高利貸し資本は農家経営を破たんに追い込み、土地を商品化して私物化した。仕事と土地を奪い去り、農村を解体し、相互扶助の基盤を破壊し、人々を離散に追い込む。

これに対し尊徳は、「荒蕪を開く」事業として、相互扶助の文化を提唱した。そこでは、富者も貧者も推譲といって信託基金や労力・創意工夫を出し合い、植林や土地改良をすすめつつ貧者を救済し、創意工夫する篤農家に奨励金や無利子無担保融資を優先して配分する画期的な「地域再生法」を開発した。ひたすらに重税に耐える「受け身の」農業者ではなく、自由に生き創意工夫する自立志向の農業者を増加させるシステムづくりである。これは「仕法」と呼ばれた。「仕法」を構想する過程は、「勤勉な人々が離散に追い込まれるという負の経験価値」を、仕法を媒介として、至誠と勤勉を生かし篤農家や公正な商人を育てるという「正の経験価値に転換する」過程であった。

彼は、農家経営の中に至誠と勤勉精神を持ち込み、質の高い商品としての農産物を生産して、農家経営の再建を図った。そして、農民が身につけてきた内発的な力量と、商業可能な人材育成とを結合していく。

さらに、藩の財政を百数十年間にわたって公開させ、最適規模の消費量を計算して無駄を省かせ、減税を行わせ、余剰資金があれば尊徳が提供する「土台金」に供出させた。

これは、現代の経済学でいえば、「政府の課税権を制限しつつ市民の経済的な自立を支援するシステム」の誕生である。消費税を廃止して、累進所得税制や富裕税を確立し、公的な資金、民間の資金を融合して各地に信託基金をつくり農林漁業や伝統産業・観光業などを結合して地域再生を図る構想である。

それ故に、尊徳が現代に生きているとすれば、第一に日本財政の分析と研究に着手し、無駄をなくして、適正な財政規模を算出するであろう。そして、消費税の減税や廃止を提案するかもしれない。

第二に、自分で土台金を出すだけでなくて、情報提供能力や信用力を生かし、全国や世界から「マイクロ資金＝一口五〇〇〇円から一万円」をあつめて、地域コミュニティを基盤とした、全国ネットワークをもつ、投資・募金活動を展開するであろう。この投資・募金は、投資資金として機能し、地域コミュニティの復興が完成すれば、「変換可能な寄付金」として各所有者に返還される。

富裕者は富裕者のままであるが、かれらのもつ貨幣資本は、営利事業ではなく、非営利事業である地域ファンドへの投資となるのである。

「心の糸を紡ぐ〝営み〟を」

尊徳は、地域再生にあたって、「報徳の心」を重視した。

報徳とは、一方では、自然の恵みに対する応答である。1粒の米から200粒のコメを生み出すことが報徳である。そのためには、「自然の恵み」「生態系の恵み」などを総合的に把握し、衣食住やエネルギーのあらゆる場面で生かしていくことが求められる。

他方では、人々の「つながりやひろがり」のもたらす恵みを自覚して、それらを生かしていくことである。乏しいものを分かち合い、子育てを協働で行い、ともに、仕事を起こし、地域をつくり、人を育て、文化を高めあう活動である。

尊徳の時代には、「仕事を起こす」とは、精励奇特人を生み出し、それを模範として人々を教育すること。「地域をつくる」とは、講や惣など相互支援組織を生かし、支えあい、学びあって、専門的職業人を生み出していくこと。「人を育てる」とは、男女の交流や結婚を勧め、子育ての経験を交流し、学びあい育ちあう関係をつくること。「文化を高める」とは、労働と芸術文化の統合によって、仕事を楽しくすることであった。

まさに、「健康と、人々の〝ひろがり〟と〝つながり〟＝社会関係、いきがい」という現代の目指す幸福社会の実現である。これら三要素によって、生活の質を高める〝営み〟こそが人々に幸せをもたらすのである。

生きる人々の産業として、現代の「農」を見直す

尊徳は、世界史的に見ても先駆的な思想家の一人である。尊徳は、「荒蕪を開く」という言葉を生み出した。離散して、命を失いかけた多くの人々を救っただけではなく、その人々自身が自分の力に気づいて、自らの頭で考え、自立し、力を合わせながらこの世の中をよくしていく、という考え方を広めた。

これは、誰か偉いリーダーがいて、その人の言うことを聞いていればうまくいくという考え方とはまったく逆である。一人ひとりが人間として学習する潜在能力を持つ。これを発揮できる環境を人々が協力し合って生み出せば、潜在能力を現実化して人間は発達できるし、その力を持っていることを実証した。

しかも、人々は、生存競争の中で、孤立化し、貧困化し、追い込まれ、絶望の淵に落ち、それでも、

なお、その中から立ち上がる。

その力の中にこそ、人間らしさが秘められている。こういう考え方であった。

マイナスの経験を持つ者こそが、経験から学ぶ場を持ち、他人の経験からも、書物からも学び、プラスの創意工夫を生み出す機会を持ちうる、ともいえよう。

当時は、絶望の中から、生活や仕事を根底から立て直すには、あらゆる産業の根源にあり、自然と共生する習慣を生み出しつつ、人々の相互扶助の大事さを身に着けさせる「農業」から立て直していくしかないのではないか。このように考えられていた。

現代の仕事おこしにおいては、ITをはじめ、さまざまな分野での企業活動が展開されている。

これらを参考としながら、地域コミュニティにおいては、福祉と農業を結合した形の仕事おこしが注目されている。生命と生活の蘇生という点で福祉と農業は共通しているからであろうか。

今日、心身の障がいなどで仕事に就くことが困難な市民が大量に発生している。多くの勤労者が、機械で動く交通手段や機械装置のなかで、機械の速度や機能に合わせて、仕事をせざるを得ない。その結果、自然から遠ざかり、閉鎖された人工的空間の中におかれ、1秒間に世界を何千回もまわるような、お金の速度に合わせて仕事をさせられる。これでは人間らしく生きられない。

この人々が仕事の場を持ち、本来の健康と生きがいを取り戻そうとする際に、福祉と農業を一つの手がかりにするのは、理にかなっている。農業は自然との付き合いが必ずあるからだし、福祉は自然に存在するものとしての人間を尊重し、心身のケアをするところから始まるからである。

その際、基礎的な知識として身につけるのは、学習社会論である。

学種理論はあらゆる科学の共通基盤であり、仕事と生活の中の学習を基本とする。これは、尊徳の言う、至誠・勤労・分度・推譲に相当する。

他方、学術・芸術は宇宙・天地人にかかわる、総合科学であるから、学校教育で学ぶことが多い。

とりわけ、自然哲学を基礎とした天文学と土壌・地質学。

美学・人間哲学を基礎とした人間生物学と言語学・経済学。

これらは、新しい教養として、学校教育の中で持続的に発展していくに違いない。

個人財産は「天からの授かりもの」――信託財産思想の原点

尊徳は農民でありながら大商人となったが、彼の「仕法」は、基本的には、自分の財産を信託財産として地域開発のために差し出すところから始まる。寄付もするが、基本は信託基金への拠出であり、個人の所有権は残したまま差し出し、これを「土台金」にして仕事をおこす。

この土台金に、地域のあらゆる人たちが協賛してお金を出す。内職してまでお金を出す人、土地を提供する人、藩も浪費を控えて出す。一〇～二〇年かけて地域が再生できると、お金は返す。尊徳にもお金は返ってくる。そのお金を、要望がある次の地域に提供する。

私的所有はそのままだが、皆さんの協同の意思に沿った形でお金が動き、地域を順番によくしていく。

尊徳は自分の財産を自分のものとは思っていない。天からの授かりものだと思っている。「財産は個人が持っているように見えるが、天からの授かりものだ。いわば天から信託された財産を、天の恵みに応えるように使う。それが『報徳』の意味だ」と、繰り返し言っている。

展望——信託基金の活用方法——職人を育て、技と文化を理解する買い手を育てる

この、お金の使い方の一つに、「精励奇特人」を育てることがある。農業に通じ、工業にも通じ、商業にも通じているような職人型の人物を育てるのである。

尊徳は、こういう人を内外から推薦してもらい、誰が精励奇特人になるかは、投票で選んだ。精励奇特人に選ばれた人には、無利子、無担保金融と、金三両を与える。見事に生産物ができると、天秤棒を持たせ、売れる所を探して売ってこいと言い、売った先の特産品を持って帰らせる。そうすると、二つの地域が顔の見えるビジネスでお互いに利益が出る。地元の地産地消と商品の移出による広域経済とのバランス・共生である。

今の経済学は、「売りたければ、よいものを安く作りなさい」というが、尊徳は違う。「売り手も買い手も、お互いが相手をよく理解し、お互いが喜べる値段をつけて取り引きしなさい」という。

文化資本の経営では、「価格よりも大事なのは人間の信頼関係だ。対話をし、相手が要望してきたものを越えるようなものをつくることだ。消費者との対話もせず、一方的に、『いい商品だ、安いから買ってくれ』という態度はまったく間違っている。お互いの人格的成長をも視野に入れて取り引きすべきだ」と主張されている。

福祉と農を基本とした産業発展を展望しよう
——農業の発展が林業・繊維業・鉱業・工業、商業、サービス・情報業の発展につながる

尊徳の時代にも農業は、林業と密接にかかわっていて、仕法の項目にも、植林が大きな比重を占めている。さらに、地域間の商品流通を重視した尊徳は、農業と商業の関係を重視した。尊徳の視野を現代的に見直してみよう。

現代に目を転じると、農業も、今後様々な変化が起きる。伝統的な農業がますます発展し、有機農法がますます盛んになることは間違いない。それと並行して、土壌の改善や、一定の気候変動に耐えうる良質の農産物を生産する技術が発展してくるだろう。

農産物の需要は長期的に見ると安定している。それは、食生活という毎日欠くことのできない栄養やエネルギー補給と関っているからである。多くのアイターンが農業を目指して経済的な自立を目指すのも、ここに根拠があるといえよう。

ここで、生産性を挙げて農業者に余力が出てくれば、林業や住宅建築にも視野を広げ、手仕事を身につけることができる。住への人間の欲求は非常に大きいから、農林業は一体となって生活を支える。職人の仕事の幅も大きくなる。さらに、土砂や鉱山の開発となれば、土建事業や鉱山開発、金属加工、農機具開発などへの視野が広がる。社会的分業が進めば、商業の発展基盤が大きくなり、市場の拡大と、個人間の取引やサービス経済への手がかりが大きくなる。

商業の核心は、正直で誠意のある取引関係の成立であり、生産者と消費者の相互信頼関係の確立である。現代の消費者とは、厳しい生存競争社会に直面して、心身共に疲弊・疲労が蓄積された市民層が大半を占める。

子供の貧困から、青年の貧困、中高年の貧困、高齢者層の貧困、そして、心身の障害の継続的な増加の状況。すべての人間関係に、ケアの精神と実行が求められている。

このような状況の中での福祉・介護の世界は、まさに、現代市民社会のシンボルであると言えるほどである。さらに、ケアは自然環境への回帰を強く求める。

自然に接する産業としての農林工芸産業こそ、現代福祉に通じる典型的産業である。

このような福祉活動を担う人々が経済の主体となり、産業における農業が原点となって、人と生産物が貴重なものとして尊重される社会が蘇生する可能性がある。

このような人間関係に下で、社会内の分業が発展し、互いの事業における職人の力量が互いに評価されて、公正な取引が進む可能性もある。この傾向は、金融や巨大量産型製造業の発展方向とは逆であり、福祉と農を基盤とした産業発展の方向性である。

このような方向性を基礎として、先端技術の発展にも注意を怠らず、研究開発を重ねていく必要がある。いま、各地の地域再生活動の中で、高校生による研究開発活動が注目されている。伝統的な野菜の開発や、未利用の植物繊維を生かした和紙や繊維の生産への展望が開けている。伝統的な技術を現行活用可能な技術と結合して、よりよいものにしていくことを考える地域も増え、輪島の漆器も輸出品として高い評価を受けている。

農業技術の面でも、従来は耕運機など人間の筋力に代わる機械が中心であったが、これからは人工知能も出てきて自動制御装置が入ってくる。温度管理などはかなり容易になる。明るさを調節する技術もずいぶん進んできた。これからは、農も研究開発と一体になるだろう。様々な変化があることは間違いないから、自然を相手に研究心を怠らず、創意工夫する科学的精神こそが永続的発展をもたらす。報徳精神の根本は科学精神である。

自然の恵みというが、恵みの中味には、土壌や天候だけでなく、金属の質や合成化学の成果など、多様なものが含まれる。人工的なものを研究開発しながら、同時に、自然との共生や環境保全について研究する新たな科学的な精神が必要とされる時代である。

情報技術や新たな技術が農業の天候変化によるリスクを減少させ、災害に強い農業を構築すること。

ここに注目が集まっている。テレワークの発展は農業とともに生きる人生をも生みだすであろう。

このような展望の中で、日本の農業は、家族経営や農業者の創意工夫を基礎にして、世界の産業の先端産業として、ますます発展していくと思うし、小規模で多様性のある農業が発展することは間違いない。全産業とのかかわりをもって、農業の発展と展望を拓こうではないか。

レジリエンスの時代

いま、「レジリエンス＝危機における生命・生活の再生力」という概念が爆発的に広がっている。

この概念は、ナチスの強制収容所の中で誕生した生命が健康にたくましく成長する姿を心理学者が観察して生まれたといわれている。この意味では、日本人のもっている「再生力・再生への潜在力」は非常に高いし国際的にも高く評価されている。

日本は災害も紛争も多く、生存競争も激しい。そのたびに筆舌に尽くしがたい苦労を体験してしてきた。尊徳も被害者であった。

しかし日本人は、困難に耐え、科学的精神によって創意工夫し、さらに、「結＝ゆい」の精神、「ともに分かちあい」「育ちあい」「家族」を生み出して苦難を克服してきた。ある意味では、貧困と格差の拡大に耐えながら、世界一平和な国、世界一安心して旅行できる国をつくろうとした。この国がさらに発展していく方向は、明治維新で全廃された尊徳の思想の中にあると私は思っている。

特に注目するのは、次の二つであった。

一つは、様々な金融や財政の浪費をきちんと制御するだけの簿記学を中心とした専門的知識を持つこと。尊徳に学んで、政府の課税権を制限し、財政を公開させ、参加と分権の思想を市民のものとし、ひとりひとりの「自分の頭で考える力量」を基礎に、科学の知識を生かした市民参加と財政制御の力量が求められる。これを国民的教養として学校教育・生涯教育・生涯研究の中で身につけることであろう。

もう一つは、報徳の心と実践である。報徳の心の原点はふつう考えられているように「他人の恩に報いる」という点が出発点ではない。自然の恵みや厳しさを知りそれを生かす智慧を磨く。ある意味では、現代では研究開発、科学や技術の発見や発明と一体のものである。尊徳は、厳しい自然と生存競争の世界では、人間が自由に生きるためには、至誠の心をもって科学を理解し、自然を理解していくことが原点であり、自然の恩に報いるために、人々が協力し合い、譲り合う中で、他人の恩にも報いていくことができる。これは、信頼関係を基礎とした人間関係といえるだろう。

自然の恩に報いつつ、互いを信頼し、尊敬しあい、譲り合う人間関係こそが、これからの時代を拓くのである。情熱と気迫をもって立ち向かおうではないか。

注

（1）仕法金は、仕法土台金と毎年の追加がある。

（2）岩崎敏夫『二宮尊徳の相馬仕法』錦正社、一九七〇年初版。

第6章……文化資本の経営を生み出す学習社会

──文化資本の未熟な学習社会から、成熟した社会への発展

1 はじめに──人間発達史観から見た、実現可能な学習社会の目標＝文化資本の経営

人類の歴史は、人間発達の歴史である。(1) 人間発達の潜在性や可能性を現実性に転換するのは、未熟な学習社会から成熟した学習社会への発展を通じてである。

A・スミスが一七七六年に、国富論を公刊した時、そこで、学習社会への提起が行われた。彼は商品市場論を展開するにあたって、分業と交換による、各産業を支える職人能力の多様性に注目する。そして、これら職人の多様性の背後にある「各人の才能の差異」を市場という場で評価するシステムを構想する。

商品の品質を支える職人の技や熟達・判断力や技巧などは、商品交換の際に、各地にある地場産業

において、異なる商品を生み出す創意工夫や労苦の評価につながる。

パン製造地区におけるパン屋の創意工夫や熟練度、苦労などは、マネーを媒介として、パンと交換される酒製造地区における酒屋の創意工夫熟練度、苦労などと比較され、評価されて、商品が交換されるときの比率が決まっていく。

例えば、パン一〇個に投入された創意工夫・熟練・技巧・判断力＝一〇〇〇円(2)と評価するとすれば、酒一リットルに投入された創意工夫・熟練・技巧・判断力＝一〇〇〇円であれば、パン一〇個＝酒一リットルという交換比率となる。

ここでは、商品が生産される各地における「才能の差異・多様性」は、市場経済社会の基礎となり、社会全体における「共通の資産＝コモン・ストック」となって、市場を介した相互学習の場を提供する。市場への参加を通じて、職人は、互いの腕前から学び取り、公正な評価を心がけて、「学び合い育ちあいの場」を創り上げる。

これは、産業社会における学習の場の出発点であり、未熟な段階であるが、学習社会が個々人の才能の差異という形で、創意工夫や熟練や、技巧、判断力などを文化資本として位置づけ、個々人が持つ、文化資本からの相互学習システムが、社会の共通資産（コモン・ストック）として機能することを示している。

以後、産業社会の発展の中で、働きつつ学ぶ「学習社会」は、未熟な段階から、次第に、成熟したものへと変化していく。

このような学習社会の発展は、人類史をも、背景に持つ、歴史的な過程でもある。

これらの歴史過程を概括することは、大きな課題であるが、ここでは、この課題は、しばらく措くこととし、文化資本概念の発生と、個々人の才能や個性を活かしあう関係、コモン・ストックに焦点を合わせて、総括を試みる。

この際に、初めての試みであるが、通信制教育研究システムのテキストを、以下に掲載し、次に、これに対する学習人からのコメントや論文を掲載した。

経済学の「新しい概念である、文化資本やコモン・ストック」などのことを、総合学術データベースの基礎の上で、議論し合い、その成果を共有しながら、国際学術社会に貢献しようとする方法の一つである。

2　通信制教育研究システム――第1回講義録「文化資本の経営　事始め」

はじめに――通信制教育研究システムの開始(3)

「文化功労者に、資生堂名誉会長　福原義春　――文化を支援する人に光が」

二〇一八年、秋、文化の日に合わせて、文化勲章と、文化功労者の発表が行われた。

今回の授章者のなかに、文化功労者として、企業メセナ協議会名誉会長、福原義春氏（資生堂名誉会長）のお名前がありました。

『朝日新聞』（一〇月二六日朝刊付）によりますと、企業メセナ協議会という文化振興分野の顕彰は初めてです。『日刊工業新聞』（二〇一八年一〇月二九日付）によりますと、福原氏は、「大変な励み」と題して、次のような談話を公表されていました。

「栄典を授かり、この上なく光栄に思っております。」「文化を創造する者だけでなく、文化をマネジメントし支援する者にも光をあててくださり」「わたくしのみならず、後に続く志ある方々にも大変な励みになることと思います。」

＊＊＊＊＊

これまで、福原義春氏は、池上惇が代表を務める「文化政策・まちづくり大学院大学設立準備委員会」にも特別顧問としてご参画いただき、貴重なご支援をいただきました。

また、遠野緑峰高等学校の同窓会が推進した、生徒・教職員・地域による早池峰菜開発、ホップ和紙研究開発などの支援についても、ご配慮をいただいております。

福原氏は、一九九九年に公表された『文化資本の経営』（ダイヤモンド社）において、世界で初めて、「市民全員が体得した文化資本」という新しい考え方を提起され、実際に経営の中で応用し推進された経営者でもあります。

さらに、福原氏は、一九九〇年代の初めごろから、「企業メセナ協議会」という「日本企業による、各地、文化活動の支援組織」を立ち上げられ、約二〇年近くにわたって、理事長や会長の要職を務められました。この結果、日本を代表する大企業から、中小零細企業にいたるまで、多数の企業が、自主的に文化支援活動に参画でき、優秀な文化支援事業が、毎年、表彰される仕組みが出来上がりました。その上に、各企業は、自分で企画した支援計画であっても、計画が協議会の審査をパスすれば、文化事業への寄付金を費用として計上し、課税対象金額を減額できます。

このような仕組みは、日本初の、画期的で、創造的な試みです。参考とされたのは、フランスの中小企業が連合して、文化支援を行ってきたという実績でしたが、日本の大多数の企業を組織するネットワークの構築は、世界にも例がなく、企業の社会貢献活動として高く評価されてきました。

「市民全員が体得した文化資本」という新しい考え方を学習する方々は、池上惇『文化資本論入門』（京都大学術出版会、二〇一七年）をご参照くださいますように（池上惇・伊藤明洋）。

(1) 文化資本論の誕生

福原義春先生が、文化功労章を綬章された。おめでとうございます。

日刊工業新聞における、福原氏からのメッセージ。

文化の創造や、マネジメント、さらには、文化支援活動などへの「社会からの評価」が高まってきました。

わたくしが専門としてきました、経済学も、文化の一つですので、経済学・経営学の創造、経済学・経営学の教育、現場の経営への応用を心掛けてきたものとしまして、深く共感いたしました。

振り返ってみますと、私が、一九九〇年代初め、丸善から『文化経済学のすすめ』を刊行いたしました折、福原氏がわたくしの書物に注目してくださいました。そして、東京に呼び出していただき、雑誌社における座談の機会をいただきました。

当時は、一九九〇年代の初めごろで、第二次文化ブームとはいいながら、日本文化政策の遅ればかりが指摘されていました頃にも関わりませず、先生は日本における文化経済学の明るい未来を語っていただき、その将来に大きな希望をいただきました。

わたくしが「文化はフローですか。ストックですか」などと、素人丸出しの不躾なことをお尋ねいたしました時も、福原氏は笑いながら「ストックですよ」と仰ったのを今でも覚えております。フローというのは、企業が生み出す商品やサービスの流れのことです。そして、ストックというのは、企業が蓄積してきた、有形、無形の資産のことです。例えば、企業は機械や建築物、土地、デザイナー・研究者・職人などの「人材」を持っています。有形の資産というのは機械などのことで、目に見えます。しかし、人材のほうは顔を見ただけでは、どのような無形資産をもっているのかわかりません。デザイナーは、デザイン能力を持ち、研究者は研究能力を持っていますが、見ただけではわかりません。かれらが、実際に、商品のデザインを生み出し、商品の色や形となって初めて、「目に見える」のです。福原氏は経営幹部として資生堂のデザイナーを育成され、多くの人材が育ちました。これの人材がもっている、〝デザイン能力〟などが「ストック」だったのです。

あれからずっと、わたくしなりに文化資本の経済学における初出の文献を探しておりましたが、意外にもわたくし自身が、一九八七年にA・スミスの『道徳情操論』『国富論』のなかに「コモン・ストック」という概念を発見して、論文にしていたことを思い出しました。[4] この「コモン・ストック」と申しますのは、当時の分業社会で、一人一人の職人が仕事に専念した結果、「身につけた熟練・技巧・判断力」などのことでした。分業社会では、職人は、「身につけた熟練など」を製品づくりに生かして、商品をつくり、市場に出す。

そして、自分が必要とする他の職人がつくった商品と交換します。その折に、職人、一人一人の才能の差異が社会全体としてみれば、共通の資産（common stock）となるというのです。

例えば、職人A＝パン屋、職人B＝肉屋としますと、市場で、両者が自分の製品を交換に出して、パン屋は、パンを売り、貨幣を入手して、その貨幣で、肉を買う。肉屋は、肉を売り、貨幣を入手して、その貨幣でパンを買う。そうしますと、パン屋の「職人技」と、肉屋の「職人技」とは、社会の共通（コモン）の「ストック」になるというのです。

これは、職人技を「文化資本（の一部）」であると、考えれば、スミスの文化資本論ではないか。当時のわたくしは、文化資本という概念を十分に理解していたとは言えません。無意識に、文化資本の大事さに気が付き、納税者としての市民は「職人技をもつ市民」であり、市民は、貨幣財産を持つだけでなく、「職人技」をもつことによって自立している。貨幣と、職人技を持つことによって、市民は、納税者として、社会の主体として、議員を選び、議会で、予算を審議させ、納税者の意思を議会と公務員に「予算」として実行させる。このように考えておりました。

その意味では、当時は、財政学の理論として、納税者主権論を基軸とした、財政学を確立したいと思っておりましたので、A・スミスの「コモン・ストック」論を発見して、感動し、彼のアイディアを高く評価したのだと思います。

福原氏から文化資本論の基本をお教えいただき、その目でA・スミスを読み直してみますと、さらに、新たな発見がありました。それはA・スミスが「固定資本」を「ストック」と呼び、ストックの中に、熟練などの「人が身につけたもの」を含めていて、機械や道具、建物などとともに、「固定資本の一つ」として明瞭に理論化していることです。

「人が体得したものを固定資本である」と指摘した人が、経済学の父A・スミスであったとしますと、福原文化資本論は経済学における、古典的な著作と通底するところがあり、経営学史や経済学説の歴史においても、位置づけられて然るべきだということにならざるを得ません。

これは、経営者が日本社会における経営の実践の中で見出した、経営学・経済学の基本となりうる概念であり、将来は経営学・経済学の教科書にも、必ず入れるべきものとなるはずでございます。

スミスの指摘につきましては、以下の点が注目されます。

A・スミス『国富論』第二編「資本《ストック》の性質、蓄積、用途について」の第一章で、スミスは、固定資本は「持ち主」を変えないで、収益をもたらすとしつつ、1．機械・用具、2．建築物、3．土地の改良、4．社会の全住民または全成員が獲得した有用な能力、を固定資本であると述べていました。(5)

スミスが指摘した、「4．社会の全住民または全成員が獲得した有用な能力」こそは、社会の人々が体得した「文化資本」の主要な要素です。これは、機械のような「モノ」ではなく、「ヒト」に体化された「目に見えないもの」であったのです。このような「能力」について、スミスは、次のように述べています。

そのような能力の獲得には、教育、研究、または、徒弟修業の期間中、それを獲得する者の生活維持ということがあるために、つねに、実際の経費が掛かるのであって、いわば、かれの一身に固定され実現されている資本《ストック》なのである。職人の習熟した技能は、労働を容易にし、時間を短縮し、また、一定の経費がかかりはするが、その経費を利潤とともに回収するような機械、または、事実上の用具と同じようなものと考えて差し支えないのである。(6)

ここで、注目されますのは、A・スミスは、ある企業の固定資本だけでなくて、社会全体の固定資本を念頭に置いていて、「全成員が獲得した有用な能力」を「ストック」として、「何か（フロー）を生み出すもの」であるとしていることです。個別の企業の資本に注目するだけでなく、全社会のストックに注目しますと、企業を、社会や地域と一体のものとして把握することができます。これは、福原文化資本論にも通底します。

いわば、独自の存在としての企業と、企業が、地域の風土の中から生まれてきて、地域の人々と共に成長し発展していく過程が総合的に把握できます。

これは、現代の経営においても、非常に大事な視点となって参りました。

一八世紀後半の時代に、スミスが、このような慧眼を持っていたことは、現代経営学や経済学の発展にとっても、先駆を成す業績であっと考えられます。

経済学の世界では、スミスのこの視点は、教育経済学に中に再生し、一九四五年以降、人的能力の経済学として発展を遂げています。[7] このたびは、福原文化資本論を通じて経営学の中に蘇生したといえると思います。

スミスの概念を拡充しますと、企業を構成する「人＝個人」は、仕事や生活のなかで、「自由と多様性、個性の開発」を経験を通して、通じて試行錯誤する中から一人一人の心身に蓄積されてきた「目に見えない文化資本」が見えてきます。

このような次第で、福原文化資本論は、従来の資本概念が、機械や建築物などの固定資本に主として注目してきたのに対して、スミスの視点に立ち返り、さらに、発展させて、「人に体化されたもの」「人が体得したもの」をも固定資本に加えて、経営学・経済学の基礎概念を拡充したものとなりました。

わたくし個人は、この業績は、国際的な賞の、受賞対象となりうる貴重な業績であると考えております。

(2) 現代の経営を研究する

経営の研究は、経営の主体となる経営者を基軸として、職人（熟練勤労者）、見習い勤労者（不熟練労働者）、出資者、顧客、地域市民など、経営組織の研究から始まる。

現代の典型的な経営では、出資者と経営者の分離が進み、経営者は、顧客の要望に基礎を置き、出資者の資金を生かす。

さらに、経営者は、構想力を生かして「文化的な財を生産し販売し消費をも通して資源のリサイクルを可能とするシステム」を構築する。(8)

そして、このようなシステムからの成果物や関連サービスを顧客に「文化的な財を享受しうる能力」を教育しつつ公正な価格で販売する。

顧客は、財を消費しながら、生活の質を高め、職人に対して、よりよき財への改善への要望を伝え、職人は、顧客の期待に応えつつ、期待を上回る良質の財を開発する。

このように、経営は、経営者が主導する、一連の流れである。

それは、財の供給システムの構想と実現から出発して、顧客との関係性を生み出し、財を受容する顧客の生活システムを通じて、新たな需要を生み出して、再び、財の供給体制に戻り、それを、変化させ、持続的に発展させようとする。

これらの流れの中で、経営者は、多様な潜在能力を持つ、職人や見習いなどに、それぞれが持つ、文化資本（仕事や生活の中で体得された熟達や知識・技能力・判断力・倫理性・人格性など）を評価して、それぞれの個性を伸ばし、互いに、協力し合って、顧客の要望に応えうるよう、各人に「出番」を準備しつつ、関係者を有効に結合するプロデューサーとしての機能を果たす。

さらに、プロデューサーとしての経営者は、不熟練勤労者の育成のために、熟達した力量を持つ職人の教育力を育て、次世代の成長を通じて、企業の持続的発展を実現する。

このような、個々人のもつ文化資本を尊重しつつ、互いに学びあい、育ちあう関係が、横のつながりと、縦のつながりにおいて、「個と共同」のバランスを確保しながら持続的に発展するのが、経営の姿である、

これらは、京都の西陣においても、岩手の遠野・住田においても、共通してみられる。

では、本論に入って、価格や経済契約の背後にあって、タテとヨコの学びあい育ちあいの関係が現代経営の中で持続的に発展してゆけば、持続的な経済発展が可能なのではないか。

3 コモン・ストックから人的投資へ（1）

「コモン・ストック＝才能の差異から学び合う場をつくるには」

説得力の拡充

人々が分業しながら、それぞれの才能を開発し、互いに、才能を評価しあう力量を持つようになる。この力量こそ、それぞれが生産したモノを交換する「呼び水」になる。

動物は獲物をめぐって殺しあわねば生きられない。

これに対して、人間は私益を追求する中で、相手を説得し、あなたの才能を生かした生産物を産み出す力量を評価する。そして、その力量を活用して「わたくしの欲しいものをくれ。」そうすれば、私の才能を生かしてモノを産み出し、「君にも望むものをあげよう」と申し出る。これによって、文化的に共生し、各自の文化資本を生かした共生の文化社会を構築できる。

これは、人類が産み出した知恵であり、素晴らしい説得力である。

ここでは、各自は自愛の追求を入り口（出発点）としながら、才能（実践の中で形成した智慧）を生かしあい、学び合う。そして、マネーを支払い、交換が実現すれば、それぞれの生産物が持つ有用性や効用を各人が活用する。

この入口と出口の中間に各自の才能の束として、「共同財《きょうどうざい》」（共生文化資本）が成立する。よくぞ、スミスは、この目に観えない「束」を発見したものだ。凄い眼力である。よく「行間を読め」などというが、スミスは行間を読む力があったのだ。

では、各自の才能は、生産物の交換という行動によって活かしあうだけにとどまるのか。それとも、商品、生産物交換、市場などの次元とは別に、独自に、才能を開発する場を持つことが出来るものなのか。

実践知と学校知の総合化

もしも、このような「独自の場」があるとすれば、それはなにか。

『国富論』の第三部、資本の蓄積、第四部、財政を通読してみると、スミスは、二つの局面で、個々人の才能を開発する機会、そのような場づくりについて触れている。

ひとつは、財政を用いた教育の場づくりであり、もう一つは、資本蓄積過程における設備や土地への投資とならぶ、「人的能力への投資」である。

前者は「学校知」ともいうべき、基礎的教養や、「読み書き算盤」ともいうべきもので、学校制度の中で養われる。

後者は、生産の現場を踏まえた「実践知」というべきもので、現場の仕事が提起する「必要」に対応して人的能力投資が行われる。そこでは、企業・自営業などの経営資源を人的能力に配分し、設備投資と並ぶ重要な投資活動として位置づけている。

これらの実践知と学校知が人的能力の向上に貢献すると、設備投資に並ぶ、高い生産性を実現できる。これがスミスが拓いた展望である。

もしも、この研究結果が間違いでなければ、財政を通じた教育制度への社会の資源御配分と、事業組織における人的能力投資への資源配分は、その社会の基盤となるべき「社会的生産性」を高めるであろう。

その生産性は、各事業所における個別の生産力の高まりにつながり、さらには、各事業者の人的能力における才能の開発をもたらして、生産物の質を高め、需要に応答する生産システムの構築に貢献するであろう。

残念なことであるが、このようなスミスの人的能力開発論を評価して、継承することのできた経済学者は少数にとどまる。シジウック、マーシャル、などケンブリッジ学派の系譜は、人的能力の開発を重視したが、この伝統はケインズによって遮断された。

むしろ、異端と呼ばれた、ラスキン、モリス（後に、G・D・H・コールが継承した）、そして、ロンドン大学によって生み出された新潮流、ウエッブ夫妻や、ライオネル・ロビンズ、その継承者であった、ピーコック、ボウモルなど、文化経済学者たちこそ、スミス理論の事実上の継承者であった。

また、一九四〇年代以降は、アメリカを中心とした教育経済学がスミスの再評価から出発して経済学に大きな影響を残したし、フランスのブルデューが支配階級による高等教育への投資と、このなかで、教育教養知が独占される過程として、文化資本概念を位置づけている。

日本では、西欧の流れとは独立して、尊徳や梅岩、方谷らが、実践知を基礎とした塾や個別の教養教育を通じて、「結＝ゆい」の文化的伝統を生かした学び合い、育ちあいの思想を産み出している。一九九〇年代から文化経済学の日本における研究者は、才能の開発や相互活用を、文化資本論として展開しはじめ、そのなかで、日本の研究成果を踏まえて、スミスの「コモン・ストック」論を高く表した。福原義春、植木浩、池上惇、植田和弘、中谷武雄らの研究成果である。

二〇一四年、七月二三日に、大阪国際交流センターで、都市創造性学会の国際会議があり、中谷先生が代表されて、**Accumulation and Reproduction of Cultural Capital for Urban Creativity,** Paper to be presented at AUC 3rd Conference in Osaka, Japan、Session C: Culture and Creative Millieu, 23rd July 2014として報告された。

日本文化経済学における文化資本研究の国際学会への登場である。この学会は、佐々木雅幸先生が、国際的な創造都市ネットワークを構築する活動と並行して、フランス、イタリア、スペイン、アメリカなどの研究者と共に設立された。この学会も、新しい時代の始まりとなるのかもしれない。

4 コモン・ストックから人的投資へ（2）

タイ王国駐日大使公邸訪問：NHK文化センター・市民大学院、吉衛門の志

これから、文化資本論の日本における創造的展開をご説明するはずであったが、予定を変更して、タイと日本の文化交流を取り上げることにした。

畏友、近藤太一氏から、NHK文化センターと、市民大学院のコラボレーションによる、タイ王国大使館訪問の機会をいただいたからである。

ときは、七月の末日。連日の猛暑。

公邸訪問の前に、JR山手線、目黒駅近くの「国立自然教育園」を散策。厳しい暑さながら、木陰は涼しく、学芸員から、ここにしかない生態系や鳥、昆虫、植物のご説明を受けた。よくぞ、この大都会の中に、自然を残していただいたと、感謝。

ここから、歩いて数分の大使公邸は、深い森の中にいるような落ち着いた涼しさを保っていた。格の高い入り口の扉は、木製で、装飾として、金属加工を用い、前面に、六個の美しいキャンドルを配し、二つの鏡と唐草文様を際立たせた、精緻な彫刻。まず仰天した。

基調は、和の素材を使い、一見、西欧の王朝風に見せて、実は、庶民的な感覚に合う落ち着きあるデザインに配慮。ダイナミックな変化やエネルギーを持ちながら、平然と、普段着で、何事もなかったかのようにどっしりと構えている。

古典の輝きを見せてはいるが、実は、勤勉で正直で智慧のある、手仕事に長じた〝はたらくもの〟への共感をにじませたつくり。これは、どうしたことだ。

明らかに、これは、私的な興味で建築設計したのではなく、ある時代の日本文化の本質を残して置こうとする配慮をもってつくりだされたようだ。

ここに、住む人には、この「質の高い庶民日本文化」を継承して自分の生き方を考えてほしい。そういう願いが込められている。

働くものがもつ多様な個性的職人能力。その共生が産み出す、響きあい。コモン・ストックのもつ魅力である。建築家と施主は、多様な芸術家・技術者・職人の才能を一軒の家に凝縮して示すことが出来る。

たしか、東京駅の近くにあった工業クラブの建築物は、正面、最高位置に「鉱夫の像」があった。経営者がよく利用する建築物だが、シンボルは、戦前の日本労働者のシンボル、「炭鉱ではたらく人」であった。ここにも、同じような精神が根づいているようだ。

おそらく、この建築物をつくった人は、この住居を、日本人が使おうが、中国人あるいは、タイ王国がご活用になろうが、ここを訪問する人々に伝えたいものがあったのだろう。それは高い文化性を持った庶民が働く職人の国、日本である。

日本の文化を伝えながら国際交流の場となるには、最もふさわしい建築物。

これを公邸に選ばれたタイ王国。心から敬意を表したい。

その内部は、三〇〇平方メートルはあろうかという広大な敷地に、一九三〇年代初頭に設計建築された日本人の手になる煉瓦風洋館、歴史的建築物と庭園がしずかに佇んでいた。

〝名画を活かすために建築する人〟から学ぶもの

今回の「タイ王国公邸セミナー」は、近藤太一氏がコーディネイターを勤められて公邸のタナティップ ウパティシン大使閣下、モンテイップ大使閣下夫人、NHK、市民大学院のネットワークによって、五〇人近くの参加者に貴重な機会を頂いた。

観光政策というものは、ひとつの「場づくり」である。

その場は、芸術家や建築家の作品と、それを、世に出す経営者やコーディネイター、作品に触れて人生を創り上げる訪問者とが出会う場である。ここでのコミュニケーションの質が高まっていく場となれば、観光活動の持続的発展が実現する。

今日の、参加者の多くは、日本の庶民型文化人で、普段着で質の高い文化を伝える人々であった。

また、タイを訪問したことのある人々も多く、タイ・シルクを身につけていた方もあり、タイ料理にも、深い理解があった。

美しい庭、芝生のゆたかな広がりを前にした「ルイの間」での食事は、カレーが中心であったが、常識とは違って、穏やかで上品な辛さ。ビールも地ビールの感じで、実に美味しかった。私は、できるだけ飲まないよう、医師から注意を受けているが、カップ半分だけ味見をさせていただいた。昔、ケルンでケルシュという地ビールを頂いたことがあるが、その味を懐かしく想い起した。

大使夫人には、タイからの留学生が優秀な成績であったことや、新たな領域を拓く意欲があったことなど、お伝えした。留学生の歌と踊りは、非常に上手で、踊りの輪がつねにひろがる雰囲気があり、日本各地の踊りとの共通点もあって、ここでも懐かしい気持ちになった。やはりアジア人の親しみであろうか。

このような交流の場が、この歴史的建築物の物語の基礎の上で行われた。

このことの意味は、大きかった。

公邸の専門家からのお話では、この建築物は、一九三二年に、「ひげた」醤油(和歌山)の創業、一〇代目の浜口吉衛門によって創られた。そのとき、彼は、一枚の絵画を飾るために、この家をつくったというのである。その絵は一九世紀当時の「樽を背負った労働者のお祭り気分。酔っ払い」の絵であった。壁いっぱいの大作。彼が購入したもので、イタリア人の作品という。厳しい労働の中での、苦しみを背負いながら、しかし、今日の祭りの、一瞬の歓びを、酔いに任せて高揚する。ほろ苦い情景。だが、その樽の重みは、生活の糧。この厳しさの中の歓びなくしては、この世の富はありえない。

おそらく、浜口氏は、醤油の樽を背負って仕事を支える現場の人々に感謝しながら、この絵を飾る場として、この家をつくったのだろう。そして、多くの名画と装飾品で、人々を迎えようとしたのだろう。「酔っ払い」の絵が、中軸となって、多様な作品が互いに輝きあう。それこそが、人々に開かれ、人々の最高の居場所となることを願っていたに違いない。

この家の調度品は、いずれも、当時の日本の名のある職人の作品である。いわゆる「贅沢」ではなくて、重量感のある作品でありながら、常に、庶民の微笑みを感じさせるものが選ばれていた。この家の主人は、職人技に通じ、優しい人間性を持つことが期待されたのであろう。

だが、現実に、この家を待っていたのは、吉衛門の志とは、かなり、離れた運命であった。一時期、満州国という架空国家の一族が利用して後、太平洋戦争時には、「鉄を供出せよ」との命令で、シャンデリアなどに鉄を使用していたため、軍からの命令で、供出せざるをえないことになっていたそうだ。

その危機に、浜口は、一世一代の逆転を試みる。それは、タイの大使を通じてタイ国に一〇〇万円で売却するというものであった。一九四三年、この試みは成功して、日本の文化財はタイ王国によって守られることになった。本当に有難いことであった。

その後、この場は両国市民の文化交流の場として、両国民の心を通わせるに相応しい場を提供してくれている。浜口氏の志は、近藤先生らのご努力によって、いまも、継承され、発展している。

民間人が産み出した現代観光の場。民間人が創る公共の交流空間。観光政策の本質を見せていただいた貴重な一日であった。

5 結論と展望 コモン・ストックから人的投資へ (3)

「持続的発展の視点と文化資本の経営――遠野研究の中から」


二〇一四年七月二三日に、「国際都市創造性学会」が大阪で開催され、日本の文化資本研究の成果を、中谷武雄氏が総括していただいた。この学会報告のなかで、中谷氏の「コモン・ストック」論と並んで、特筆すべき、もう一つの論点がある。

それは、植田和弘氏の「社会の持続的発展を担う人材」の重要性に関するご指摘である。従来、日本の文化資本研究は、地域固有の伝統文化や企業文化の展開という実証材料を踏まえて発展されてきた。そのとき、社会やコミュニティ、企業などの持続的発展や、文化資本の次世代への継承、さらに、次の世代への継承などのアプローチは、あったのかどうか。

そのような持続発展の視点を「文化資本の経営」などに導入した時、そこにどのような新たな展開が可能であるのか。これが重要な研究課題であった。

まず、日本の文化資本の経営論においては、創業時の企業文化を、幾世代にもわたって、継承するという課題があった。この点を深めることは、持続的発展への一歩である。

また、創業時に地域固有の文化の中で、事業を立ち上げていることが多いので、各地のコミュニティにおける伝統文化、とりわけ農林漁業や地場産業における職人の技や術など、職人能力の次世代への継承も、重要な研究課題である。

日本の文化資本研究は、この入口まで到達し、企業文化や地域固有文化の次世代への継承の重要性を指摘してきたが、その実践例や経験知の研究はこれからである。

そこで、植田氏の問題提起を受け止めて、企業文化や地域固有文化の持続発展を実際の事例を用いて説明することは、文化資本研究にとって、最重要な課題となった。

いくつかの事例に即して記録する。

(1) 民泊事業におけるコーディネイターの役割

ヒアリングのなかで、「遠野の文化的伝統を今に生かす力量（遠野文化資本）」が最も典型的に表現されたのは、特定非営利法人・遠野 山・里・くらしネットワーク（二〇〇三年創設）のコーディネイターの「伝統文化を今に生かす力量」である。この力量は宿泊を希望する人と、受け入れる民泊家族、多くは、農家の間を取り持って、的確なマッチングを行うことである。ここでは、民泊サービスの提供側と需要側の双方の知識が必要になり、都市住民と、農村住民との双方の暮らしや瀬克を学習し研究せずには互いが満足するマッチングができない。この仕事を担当する方々とのヒアリングでは、元は都市にお住いの知識人がこの仕事につかれ、都市で苦労した経験や、農村で新たな知識を得る歓びを体験されていることが「よい仕事」につながっているという印象を受けた。ここでは、「移住政策：地域固有資源を生かした都市住民との交流と移住の促進」「文化政策：伝統文化・芸能・技術・技芸の伝承・進化・応用」「生活実践：里山における循環的な生活スタイルの再生と実践」などが総合的に推進されてきた。

このネットワークとコーディネイターとは、「地域固有の多様な文化的伝統を担う人々（ホスト＝創造者）」と「都市文化をもつ来訪者（ゲスト＝享受者）」とを媒介して「出会いの場」を「民泊」の形で創り上げられた。ホストは出会いを通じて伝統文化を今に生かす創造の機会を持ち、ゲストは、伝統文化の創造的な成果を享受することを通じて、互いに学び合い、育ちあって、各自の力量（文化資本）を体得（体化）していく。

来訪者の数は、三〇〇〇人規模に達する。人口三万人の約一〇％にあたる三〇〇〇人のゲストが、ホストに迎えられるのであるから、遠野文化への理解が深まることは自然である。

この結果、交流人口増や移住増、遠野文化の継承・発展、生活実践の体験による〝ひろがり〟と〝つながり〟の大きさは大きな可能性を産み出している。

(2) 民泊活動が生み出す「大きな可能性」を生かす教育活動と事業活動

民泊活動が遠野で定着し持続可能な状況となった理由を考えてみよう。

ひとつには、遠野文化には、他者を排除せず、受容して、ともに、学びあい育ちあう「結《ゆい》」の心がある。この伝統文化の起源は縄文時代、アイヌの生活習慣の中にあり、活動をシンボル化する言語として、アイヌ語で遠野の最高峰を表現する言葉（パハヤチニカ）が文化誌の名称に使われている。

遠野の民話には、オシラサマのように困ったときは黙って支援してくれる人々の存在を暗示するものも多い。これは、極めて価値の高い文化である。

この民話を次世代に伝える活動は遠野の幼児教育、義務教育、後期中等教育を通じて、ひろく児童や生徒の中に浸透している。これは、他地域には稀な「遠野物語」の生活化であり深い影響力である。

二つには、遠野文化を翻訳して来訪者に伝える力量を持つ「媒介者」が地域全体の教育システムやコミュニティの活動の中から育っていて、多くの市民が民泊を実践する力量を持っていることである。遠野の教育システムは民話だけでなく、伝統芸能、農業や地場産業の職人能力を学習し継承する場ともなっている。これには、遠野が、他の地域には見られない、近世以来の塾や学問の伝統を持つ地域であり、社会教育においても貴重な伝統を形成してきたからである。

さらに、コミュニティ活動の中から女性社会企業家が現れて伝統の食文化を基礎としたレストランを発展させ、羊毛から繊維を取り出して地場の産業を起こすなどの卓越した力量が見られるが、ここにおける職人能力の継承も学校教育の中で実現されている。

このような持続性を持つ社会企業の発展を経験しつつ、育ってきた若者が、なぜ遠野を去り、他の地で、就職や進学を果たし、なぜ遠野に帰ってこないのか。

なぜ、都市の〝キラキラしたもの〟に惹かれるのか。

何人かの「媒介者」「公務員」のお話では、次のようなご意見があった。

① ひとたび、外に出ると、大学で身につけたものや、就職して身につけたものは、企画、事務、簿記、会計、人事管理、市場開発などにかかわるものが多い。しかし、遠野には、これらの職種に対応できる職場が少なく、帰りたくても帰れない。

② これらの職種に対応できる職場を遠野で開発するには、ものづくり職人を基軸とする遠野の職場と、

生活者を繋ぐ仕事が必要である。この仕事には、二種類のものがある。ひとつは、広い意味での現代の教養であって、遠野で生きるための古典的な教養と、現代の地域を再生するのに必要な創造産業地域づくりの思想や技術の体系である。もう一種類は、産業の研究開発である。それらは、ものづくりと生活者を繋ぐ、商業、翻訳業、出版業、情報サービス業、デザイン事業、芸術事業、映画事業、放送業、コンテンツ産業、都市・農村再生事業など。これらは、アメリカ合衆国では、「創造産業＝creative industry」と呼ばれているものであるが、これらを、遠野で、研究し開発する事業活動が必要である。

③ これらの領域をカヴァーできる専門学校、短大、大学、大学院など、将来展望を持ちながら、専門学校などの基礎から積み上げて、徐々に整備し、通学制と通信制を併用し、たとえ、一―二年でもよいから、高校卒業後、現場でのインターンシップとともに、「現場と往復しながら研究する習慣」を身につける教育を行うこと。

④ これらの教育を担う人材は、「ものづくり」「ひとづくり」「まちづくり」にかかわってこられて実践力をもつ遠野の人々、大学院など、博士学位を指導した経験を持つ自然科学、社会科学、人文科学の専門家で、互いに他の領域を理解して総合的な教養教育が可能な人材の三者で構成する。

⑤ 上記の三者は、互いに教師となり、社会人学生となり、絶えず、立場を転換しながら、遠野の文化的伝統を共通の基盤として協力し合う。そのなかで、学びあい、育ちあいを実現する。

（3）馬と森林の文化的伝統と多様な事業展開の可能性

ヒアリングのなかで、遠野の文化的伝統を今に生かす事業活動として、注目を集めたには、「馬搬」による森林からの木材と切り出し・運搬システムがもつ高い生産性と、建設事業による森林開発・トラック等による機械力運送手段に対抗しうる競争力の発展である。遠野の馬搬職人は森林を機械や開発による破壊から保護しながら、自然資本を保全しつつ活用しうる職人能力を備えている。この能力は、ヒアリングに応じてくださった職人のお話では、三つの源泉から生まれていると指摘されていた。

一つは、近世以来の山仕事職人の持つ古老の伝統文化の高い質である。

二つは、この職人の場合、祖父は造園事業職人、父は農業職人で、本人も、馬搬だけでなく、農業や造園においても高い職人能力を持っていることである。多様な職人能力を持つことは、伝統を今に生かす力量には欠くことのできないものである。これらの能力があれば、経営の力量においても、さまざまな可能性に挑戦しうる。

例えば、馬搬における力量を育てる能力があれば、人を育てながら、その人に、「馬付住宅」の馬の調教をお願いできるので、馬と生活して免疫力を獲得し健康な生活を送るという都市市民の要望にも応えることが出来る。

馬を農耕に活用できるし、馬が生活していた厩などの木材は健康に良いので家具や材木、装飾品にも活かすことが出来る。馬糞も肥料としては高品質で需要も多い。有機農業や牧畜用の堆肥としても活用できる。

三つ目の源泉とは、国際的な背景である。現在、国際的には、イギリスを中心に馬搬協会などの組織があり、職人能力を評価する場もあって日本から参加して表彰された。日本の各地の森林所有者からも、山を傷めない馬搬技能に多くの関心があり、各地に出かけて指導も行ってきた。馬搬ネットワークが発展すれば、伝統を今に生かす日本馬搬文化資本は、世界的な水準をうみだして、世界の森林保全と資源活用の切り札になることが出来る。

遠野には、馬を育てる力量が蓄積されているので、馬市場の形成によっても地域の発展に貢献できた。競馬馬などの需要は景気の動向にも左右されやすいので安定的とは言えないが、馬搬の方は、山林の保全と活用を担う基幹産業として西欧やアジアなど世界規模で発展していく。交通手段としても、馬車は、遠野に相応しい。

復興道路として通過道路建設ばかりを重視しないで、遠野を通過点ではない、独自の文化的・自然的空間として、自動車は入り口の駐車場に集め、遠野の域内は馬車が行き交う景観を産み出すこともありうるし、乗用馬として余暇産業を支える可能性についても、今後の発展にも期待する。イギリスのように「馬の道」のある風景もよいのではないか。

（4）重層的な文化コモンズの存在

先に観た山里ネットワークの構成要素は、一番の底のところに、「パハヤチニカ」編集委員会がある。二〇一二—一三年版によると、遠野「パハヤチニカ」・Natural Life Magazine（一九九四年四月創刊）とある。この書物を執筆している時、二七号まで出ている。

パハヤチニカ編集委員会

編集委員

佐々木憲康（遠野市役所）／鈴木たかし（製パン業）／高橋好子（読み聞かせボランティア）／多田頼申（八幡宮宮司）／千葉敦子（主婦）／千葉和（百姓志願）／徳吉英一郎（馬付き住宅管理）／新田勝見（農業）

二七号編集後記、54ページ。

前号の特集「被災地支援」から1年が経過しました。被災地の復興は、まだ途上という状況ですが、足下に眼を転じ遠野郷の未来を考えると、不安がないわけではありません。

あるべき未来の姿を思い描くためのヒントは、過去の歴史の中にあるのではないか。

そこで遠野郷が「馬千・人千」と謳われた時代のことを知りたいと考えました。当時、物資を往来するための主役だった「駄賃付け」。

駄賃付けは、物だけでなく、異郷から多くの「物語」も運んできました。

現在、遠野では沿岸に向けた高速道路建設が急ピッチに進んでいます。鉄道では、この冬からSLが走るとか。駄賃付の鈴の音は、どこまでも遠ざかろうとしています。しかし、歴史は繰り返すもの。いつの日か、遠野の町を、当たり前のように馬と人が歩いている。そんなことを夢想したくなりました。

このような「心をつなぐネットワーク」の基礎上で、「つきもうしファーマーズネット」、「遠野グリーンツーリズム研究会」「あやおり夢を咲かせる女性の会」「遠野エコネット」「遠野郷馬っこ王国ライディングクラブ」「茅葺き職人グループ」「宮守川上流生産組合　環境部会」「宮守ツーリズム協議会」「遠野民泊協会」「東北まちづくり実践塾」「里山クラブ　やかまし村」など、多様な姿が展開している。

おわりに——遠野の社会企業家の魅力がユーターン、アイターンを惹きつける

遠野には、多様な分野に卓越した社会企業家がおられる。多くは、定年後に「地域への恩返し」を構想されて実行される。特徴は、一人一人の人生体験を大事にして、それぞれの特徴を生かしあい、教えあうシステムを構想される。この社会システムは、単に、商品やサービスを非営利組織によって供給するだけではない。それは、遠野の市民と、他地域からの人々とが互いに相手の持つ文化資本を

理解しあい、学びあい、育ちあう場を生み出している。

このようなシステムでは、民泊事業と、高校生による伝統や再開発事業、ホップ和紙生産事業などがある。さらに、馬搬を基軸とした森林・馬文化事業や、農業を基礎に遠野食文化を基軸としたレストラン事業、商店街の再生を目指す道の駅や商業集積事業なども注目される。

民泊実践者からの、お話をおうかがいしていると、ユーターンの場合には、若いころ、遠野の魅力が失われつつあるときを体験しておられること。そして、遠野にとどまって公務員やＮＰＯ活動などに携わる同級生の動きを横目で見ながら、再生への動きを感じ取っておられた。しかし、ひとたび、東京や盛岡に出てしまうと、教育や医療の必要性が目に入って、帰るきっかけを失われていた。帰るきっかけは、ご高齢のご家族が厳しい病を発症されて故郷でなければ治療できない状況が生まれていた。

そこで、故郷に帰ってみると、同級生らは、ともに、地域再生への動きに没頭している。遠野の魅力が戻りつつある。一緒に、仕事を始められる。仕事は民泊が多い。当初は遠野の農業・牧畜の体験学習をともなう農家や畜産家が民泊を受け入れ修学旅行の受け入れが多かった。二〇一二年以降は、震災復興支援活動を契機に、国際交流や大学の学生によるグリーン・ツーリズムの体験学習の場として急激に発展してきた。

さらに、この活動にはアイターンで遠野に定住され結婚された方々によるコーディネイターとしてのご活動にも多くを負うている。中心となって民泊活動を実践されたコーディネイターのお話では、民泊を受け入れるとき、どのご家庭に受け入れていただくかを適切に判断することが非常に重要である。それは、民泊が遠野文化と域外の文化との交流、遠野の方言を標準語や英語に翻訳しながらの交流であるから、互いの気持ちが通じ合うこと、これが何よりも大事だから。

民泊は、現在、遠野の民話の伝承、民謡や舞踊、郷土芸能をともに楽しむ場、遠野文化と、各地からの来訪者の持つ文化の交流の場、諸外国からの来訪者との交流の場であった。ここでは、遠野の方言を理解し、標準語を理解する民泊受け入れ家族が、多様な言語を持つ人々との交流を通じて、互いに学びあい、育ちあう場が生まれる。来訪者と受け入れ側をつなぐのは、双方の要望や個性に配慮しうる優れたコーディネイターの存在であり、アイターンとして結婚し定住された人材に負うところが多かった。

既にみたように、遠野文化には、他者を排除せず、受容して、ともに、学びあい育ちあう「結い」の心がある。この伝統文化の起源は縄文時代、アイヌの生活習慣の中にあった。遠野の民話には、困ったときはお互いさまの精神文化が息づいている。これは、極めて価値の高い文化である。

さらに、この地の特徴は、遠野文化を翻訳して来訪者に伝える力量を持つ「媒介者」が地域全体の教育システムやコミュニティの活動の中から育っていて、多くの市民が民泊を実践する力量を持っていることである。

注

（1）池上惇『人間発達史観』（青木書店、一九八六年）参照。

（2）この一〇〇〇円を一時間当たりの仕事の報酬とみるのか。それとも、商品に投入された労働量とみるのかで、経済学者の意見は分かれている。ここでは、どちらで計測してもよい。スミスは、創意工夫・熟練・技巧・判断力などを有用労働と呼び、貨幣単位で測定された労働量を交換価値と呼んでいる。

（3）池上惇・総合学術データベース：時評欄（1）二〇一八年一一月八日ホームページ・総合学術データベースに掲載開始。

（4）池上惇「社会の共同資産と財政学――A・スミスにおける common stock 概念を中心として」（『経済論叢』第一四〇巻一・二号、一九八七年七・八月）。

（5）A. Smith, *An Inquiry into the Nature and Causes of the Wealth of Nations*, 1776, The University of Chicago Press, 1976, pp.291 f.（大河内一男監修訳『国富論』中央公論社、一九八八年、四三〇ページ。）

（6）同上。

（7）G. S. Becker, *Human Capital*, 2nd ed.,1975.（佐野陽子訳『人的資本』東洋経済新報社、一九七六年。）

（8）ここで、「文化的な財（デザイン・品質に優れており、芸術文化作品としても通用する財）」と、文化性のない、〝飢えをしのぎ、寒さをしのぎ、急場をしのぐ〟だけの「非文化的な財」との差異が生まれる。産業革命期には、後者の財が多く、量産体制であったが、現在は、労働立法や保険、衛生関係法、教育立法、消費者保護立法などが推進され、生活の質を確保した、供給や需要が多くなった。とりわけ、多品種少量生産の技術（情報技術と結合された）や職人仕事の再生を通じて「文化的な財」を供給し需要する上で、技術的・職人的な基盤が形成されたことは、この転換に大きな役割を果たしている。

同時に、ブラック企業経営者と呼ばれる存在もまた存続し、低所得状態、失業、格差社会などに依存して、文化的な財の大勢に逆らって、社会問題となっている。

第7章 討論の広場

ここでは、テキストに対するコメントや感想を特集します。

全体へのコメントしては、金井萬造氏から、詳しい内容をいただき、すべて、採用させていただきました。ありがとうございます。相当な改善があり、すべて、金井氏のおかげです。また、原文は手書きのものもありましたが、筆者の同意を得て公開させていただきました。心より感謝いたしております。

1　「コモン・ストック」論に寄せて——池上惇先生への応答

市民大学院　綾野浩司

(1) はじめに

池上惇京都大学名誉教授（文化政策・まちづくり大学院大学設立準備委員会代表）は、二〇一九年一月一八日京大時計台記念国際交流ホールにて開催される「文化資本の経営」二〇周年記念シンポジュームの基調報告に向け、「文化資本の経営：事始め」と題した講義録を発表されている。(1)

当講義録は、「I福原文化資本論の誕生、II現代の経営を研究する、III「コモン・ストックから人的投資へ(1)」、IV「コモン・ストックから人的投資へ(2)」、V結論と展望「コモン・ストックから人的投資へ(3)」」から構成されおり、次回講義以降で論じられるであろう全体論への導入部として、いわば「原理論的」な位置づけを有するものではないかと思われる。

本論考は、その講義録のなかにあって、その理論の核心の一つをなすと思われる、池上名誉教授の「コモン・ストック」論を取り上げたい。

そして、経済学・経営学・哲学・法学等の隣接諸学において、やや異なったアプローチからではあるが、この「コモン・ストック」論と並行しつつ、地域社会、企業、個人が蓄積している「情報・知識・能力・慣習・制度」等を重要な分析視角とした研究が、蓄積されてきている状況にも触れ、「コモン・ストック」論の隣接諸学問への接続の可能性をも展望する試みである。

なお、池上名誉教授は、一九八七年、「経済論叢」第一四〇巻一・二号において「社会の共同資産と財政学――A・スミスにおける common stock 概念を中心として」を提起されて以来、当「コモン・ストック」論を一貫して深化させてこられていることも付言しておきたい。

(2) 資本(=ストック)概念について

「資本」という言葉は、日常語の使用法のみならず、経済学の論理においても、極めて「多義的な」概念である。例えば、私たちは現在、「資本主義という経済体制」の下で暮らしていることに、ほとんど疑いを持たないが、さて、その「資本主義」という言葉を構成する基礎的概念である「資本」にまで考察を進めると、途端に、百家争鳴の状況に立ち至ることが多い。

「資本とは、一体、何者であるのか。」

マルクスは、この謎に対して「資本論」を通じて挑み、「貨幣の資本への転化」、「資本の本源的蓄積」、「資本家と労働者の階級闘争」、「総資本と総労働の対峙」といった論理を駆使した。だが、そこで使用される「資本」という概念にあっても、マルクスが主張するところの「普遍的な」経済論理のみならず、一九世紀イギリス資本主義という歴史的・社会的な要素や、ヘーゲルを嚆矢とするドイツ観念論哲学の弁証法論理等を多分に含み込んだものであることは否めないのではないだろうか。

ましてや、「資本主義を止揚して、共産主義社会を実現する」という政治的メッセージにまで至れば、その「資本」なる概念は、マルクスの用語を用いれば、当時の経済的諸関係（下部構造）のみならず、国家・政治・法律・思想・文化といった上部構造をも含み込んだ社会体制全体を指していたのではないかとさえ思わざるをえないのである。

一方、近代経済学派においては、「資本」はどのように捉えられてきたか。

残念ながら、ここで各学派の詳細を論じる用意は筆者にはない。しかしながら、主流派経済学において、その学派なりの資本の定義がなされているものの、とりわけ「資本と経営の分離」で特徴づけられる、現代の資本主義論や企業論においては、「資本家」なる存在はどこか〝曖昧な存在〟である。むしろ、企業への資金提供者としての「株主」、あるいは新たな投資もしくは戦略決定者としての「経営者」が論じられることは多いが、そこで、「資本家」もしくは「資本」の有する意義や機能についての考察を目にすることは稀である。

例えば、現在の標準的な会計学テキストにおいて、企業の財務構造を示す共通尺度である「貸借対照表」を見てみよう。ここでは、企業「資産」＝「負債」＋「純資産」との等式に基づき、「負債」は短期借入金を中心とした流動負債と、長期借入金を中心とした固定負債から構成され、「純資産」

は、株式発行で集めた資金の集合である「資本」と剰余金で構成されるものと説かれる。そして、「負債」は「他人資本」とも呼ばれ、それに対して「純資産」は「自己資本」と名付けられている。

二一世紀の初頭、いわゆるバブルの崩壊やリーマンショック等の金融破綻を端緒とした社会・経済事象の発生を受け、現代の企業経営論における主流派は、この「自己資本」概念に着目し、本来、多様な経済活動を営むはずである個々の企業を対象に、以下に述べる「独特の会計概念」にもとづく論理を提唱してきたことも周知のことであろう。

即ち、企業経営の基本は、いつ企業から退出するかも分からない「不安定な他人資本」に頼るべきではなく、「自己資本」を基軸に経営目標を組み立てるべきである。そして、「他人資本」を活用して積極的な投資を展開するよりも、自らの資金ともいえる「自己資本」から生み出される利益を「自己資本利益率」と定義し、その単位資本あたりの利益率（＝資本効率）向上を共通の企業目標とすべきであり、それこそが「株主の利益」に繋がるとの論理である。

もちろん筆者は、「自己資本利益率」という会計概念が、企業経営の健全性を示しうる有益な指標であり、特に企業経営の効率性を評価し、他企業との比較を行う上では、有効な分析ツールであることを否定するものではない。また、株式会社である以上、株主への利益還元を経営的視野に入れておくことも当然のことであろう。

そして、「より少ない資本で、より多くの利益を」という論理も、市場経済を牽引する一つの普遍性を有する論理であるとさえいえる。ただ、その論理が、本来様々な価値観を包含するであろう、個々の企業理念や目標にまで拡張された場合に、その視界からこぼれ落ちてしまう領域にも留意すべきではないかと主張するのみである。

「資本」概念の多義性の議論に立ち戻れば、これらのことは二つのことを物語っている。一つは、あくまでも標準的な会計学が前提とする、貨幣価値を基軸として企業を考える場合、企業の資産は、他人資本（＝他人からの金銭）と自己資本（＝企業自身の金銭）からなる、とする、ある種〝常識的結論〟である。したがって、ここから導かれる二つ目は、そこで語られる「資本」概念は、所有主体としての「自己」もしくは「他人」は別にしても、「金銭の集合」のことを指していることに他ならないことである。

しかしながら、「企業活動の多角的な分析は、これに尽きる」とは到底考えられない。企業を構成する従業員、従業員が付加価値を生み出すイノベーションの数々、職場の先輩から後輩への「組織知」の伝承、経営者が代わっても引き継がれる企業理念、顧客との信頼が生み出す企業ブランド等、場合によっては莫大な貨幣価値を生み出しうる、こういった知的財産は、これまで述べてきた多義的な「資本」概念のなかで、どのように整理されうるのであろうか。

こういった「資本」概念が有する多義性に対する課題認識を前提としながら、次に、池上名誉教授の論旨に触れてみたい。

(3) 池上名誉教授の「コモン・ストック」論について

池上名誉教授は、A・スミス『国富論』第二編「資本の性質、蓄積、用途について」を引証されつつ、「ここで注目されますのは、A・スミスは、ある企業の固定資本だけではなくて、社会全体の固定資本を念頭に置いていて、「全成員が獲得した有用な能力」を「ストック」として、「何か（フロー）を生み出すもの」であるとしていることです。個別の企業の資本に注目するだけでなく、全社会のストックに注目しますと、企業を、社会や地域と一体のものとして把握することができます。これは、福原文化資本論にも通底します。いわば、独自の存在としての企業と、企業が、地域の風土の中から生まれてきて、地域の人々と共に成長し発展していく過程が総合的に把握できます」と述べておられる。

ここでは、おそらく二つの論点が提示されている。

一つ目は、資本（＝ストック）概念を、個別企業の枠組みを超えて、企業が活動する「社会全体に存在するもの」として拡張されていること。

二つ目は、資本（＝ストック）概念を、貨幣価値のみならず、「人が獲得した有用な能力」にまで拡張されていること。

以上、二点である。

第一の論点に関しては、例えば、宇沢弘文東大名誉教授が、制度学派の観点から「社会的共通資本」[2]として論じられてきた点とも共鳴しうるものではないだろうか。

宇沢名誉教授は、以下のように論じておられる。

社会的共通資本は自然環境、社会的インフラストラクチャー、制度資本の三つの大きな範疇にわけて考えることができる。大気、森林、河川、水、土壌などの自然環境、道路、交通機関、上下水道、電力・ガスなどの社会的インフラストラクチャー、そして教育、医療、司法、金融制度などの制度資本が社会的共通資本の構成要素である。都市や農村も、さまざまな社会的共通資本からつくられているということもできる。

宇沢名誉教授は、企業の活動のみならず、人々が生活を営む場でもある「社会」を支える共通資本を上記のようにとらえ、そういった社会的共通資本の下でこそ、市場経済が有効に機能しうることを主張された上で、価格インセンティブに基づく「需要と供給の一致」のみで経済学を語ることに強い警鐘を鳴らされた。そして、この主張は、高度経済成長期、公共投資により実現した（高速）道路網の造成・整備等への莫大な費用や、排気ガス・騒音等による公害被害者と痛ましい交通事故の被害者への補償等を「自動車の社会的な費用」[3]として定式化されて以降、一貫したものであるといえよう。

そして、ここでの「資本」概念は、自然環境に加えて、人々が歴史的かつ社会的に創り上げてきた

「広義の制度」をも包含するものに拡張されているといえる。そして、あえて、池上名誉教授の第二の論点を先取すれば、それは「目に見えない」資産に対し、「目に見える」自然・社会環境・制度資本を中心としたものと言えるのではないだろうか。

次に、第二の論点に関してである。

伝統的な経営学においては、企業は、「ヒト」「モノ」「カネ」で構成されることを前提に論じられてきた。

したがって、企業経営論あるいは経営戦略論は、企業の外部環境である市場の変化に、内部環境である「ヒト」「モノ」「カネ」の流れをいかに適合させ、効率的に統制するかといった観点からの戦略論が主流であった。

こうした伝統的かつアメリカ的経営論に対して、「情報」の流れ・活用・蓄積をベースとしたイノベーション（創造的革新）の生成過程への着目等を通じ、企業の知識創造過程への動態的・実証的アプローチが生まれてきている。

例えば、野中郁次郎、伊丹敬之一橋大名誉教授らの「経営戦略論」[4]、「経営戦略の論理」[5]、「知識創造企業」[6]といったアプローチである、

筆者は、こういった「知的資源の活用アプローチ」は、池上名誉教授の提起される「人が獲得した有用な能力」という視点との親和性を有するのではないかと考える。

野中名誉教授の言葉でいえば、従来の分析型戦略論の反省の上に立ち、経営戦略のパラダイムシフトとも言いうる「能力ベース経営」の提唱であり、伊丹名誉教授によれば、「ヒト」と「情報」を基軸とした、資本主義企業ならぬ「人本主義企業」論、そして、企業の有する「見えない資産（invisible asset）」への着目ということになろう。

伊丹名誉教授の「経営戦略の論理」では、この「見えない資産」について、以下のように論じられる。

ヒトという経営資源には、工場で働く現場労働者も入れば、技術者、セールスマン、管理職、経営者も入る。これらの人々の提供する用役（サービス）がなければ企業活動が成り立っていかないことは、明らかである。モノという経営資源には、工場や機械もあるであろうし、原材料、部品、営業所や本社の建物や設備、自動車やコンピュータなどの備品もあろう。それらがすべて企業活動のために必要か、と問われれば、「そうです。」と答えざるを得ない。カネという経営資源もそうである。設備投資資金にしろ運転資金にしろ、カネがなければ事業活動は動き出せない。

こうした三つの資源は、いずれも目に見える資源である。物理的な存在のある資源である。しかし、企業活動の本当の成否は、こうした目に見える資源が決めているのではない。技術開発力、熟練やノウハウ、特許、ブランド、顧客の信頼、顧客情報の蓄積、組織風土、そうした目に見えない資源がじつは極めて大切である。

……（中略）……

見えざる資産として個々にあげたものは一見、雑多なものに映るかもしれない。しかし、そこには統一性がある。見えざる資産の本質は、情報である。企業を情報の流れという観点から見ると、見えざる資産を統一的に理解し、かつ戦略と見えざる資産がどのようにつながっているかを深く理解できる枠組みがつくれる。

そして、ここでは、「資本」概念は、貨幣価値を越えて、「情報」「知識」「能力」という「目に見えない資産」にまで拡張されているといえる。さらに、こういった「資本」概念の拡張は、池上名誉教授がこれまで重視してこられたことと同様に、「組織を通じた学習過程」の重要性への認識とともに、「知識創造過程」として企業活動を定位することを可能にしたものであるといえよう。

(4)「コモン」概念について

ここまで、池上名誉教授の論旨を中心に、「資本」（ストック）概念の多義性について述べてきたが、最後に、「コモン・ストック」概念を構成する、「コモン」概念についても触れておきたい。

「コモン」という言葉は、言うまでもなくイギリスの母国語（英語）にある言葉であるが、我々にとって、現在においてもなお、新鮮な響きを有する言葉ではないだろうか。例えば、既に人口に膾炙しているともいえる「コモン・センス」は、従来、「常識」などと訳されてきたが、何となく、分かったようで分からない、隔靴掻痒を感じるのは筆者だけであろうか。

例えば、一八世紀、フランス革命に先行するアメリカ独立革命を思想的に先導したと言われる英国人トマス・ペインが書いた「コモン・センス」[7]を取り上げてみたい。

一七世紀、既に、ピューリタン革命と名誉革命という二つの市民革命を経て、議会制民主主義を確立しつつあったイギリスではあったが、その経済的諸条件は、アメリカやインドといった海外植民地市場（原料・製品市場に加えて、労働市場としても）の存在を前提するものであった。

こういった中、課税自主権の確立を一つの契機として戦われたアメリカ独立戦争に際し、イギリス本国あるいは植民地アメリカ自身の、各々の経済的利害を訴える議論とは別の論理をもって、トマス・ペインは、以下のように、民衆に呼びかける。

これから述べることは、単なる事実や分かりきった議論や常識にすぎないものである。どうか、読者は偏見や先入観を捨てて、もっぱら理性や感情に従って自分自身で判断を下していただきたい。また人間としての真の本性を身につけて、いなそれを捨て去らないで、現在を乗り越えて大きく視野を広げていただきたい。このことを、ここに前もってお願いしておきたい。

ここには、偏見や先入観を捨てて、「コモン・センス」に還れ、との強烈なメッセージが打ち出されている。これを単純に和訳して、「常識に還れ」では、何となく我々には、実感が持てないのではないだろうか。少なくともトマス・ペインにとって、「コモン・センス」には、多くの人々が、理性や感情を「共有することへの信頼」があるように思われる。

さらに、トマス・ペインは、アメリカ独立を呼び掛けるパンフレットのなかで、次のように同胞に呼びかける。

したがって互いに疑り深く好奇心をもって探り合うのをやめて、隣人に温かい友愛の手を差し伸べよう。そして、大赦令が出されたように、これまでの対立をすべて、きれいさっぱりと水に流して団結しよう。われわれの間では、ホイッグやトーリーという呼び方もなくしよう。そして立派な市民、寛大で意思強固な友人、人間の権利および自由・独立のアメリカ諸州の高潔な擁護者という名前だけで呼び合うようにしよう。

トマス・ペインにおける、この「コモン・センス」を人々が共有することへの信頼は、イギリスとアメリカという二つの個別ナショナリズムよりも、そして、トーリー・ホイッグという当時の政治思想を代表する二つの党派性よりも、より「根本的な規範」がありうるとする強力な主張を根底で支えていたと言えるのではないだろうか。

哲学者の中村雄二郎氏は、こういった「コモン・センス」の豊かな意義をとらえ、「共通感覚」との訳語をこれにあてた。(8)

中村雄二郎氏は、『共通感覚論』のなかで、以下のように論じておられる。

この共通感覚のあらわれをいちばんわかりやすいかたちで示しているのは、たとえばその白いとか甘いという形容詞が、視覚上の色や味覚上の味の範囲をはるかにこえていわれることである。すなわち、甘いについていえば、においに関して（ばらの甘い香り）だとか、刃物の刃先の鋭いのを（刃先が甘い）とか、マンドリンの音に関して（甘い音色）だとか、さらに世の中のきびしさを知らない考えのことを（甘い考え）だとか、など。

またアリストテレスでは、共通感覚は、異なった個別感覚の間の識別や比較のほかに、感覚作用そのものを感じうるだけでなく、いかなる個別感覚によっても捉ええない運動、制止、形、大きさ、数、一（統一）などを知覚することができるとされている。その上、想像力とは共通感覚のパトス（受動）を再現する働きであるともされている。さらにすすんで、共通感覚は、感性と理性とを結びつけるものとしても捉えられている。

コモン・センス（センス・コムニス）のこのような側面、あるいは共通感覚の考え方は、永い間ほとんど忘れさられ、あるいは少なくとも社会的な常識という意味の中に没し去られてきた。けれども、現在、知識や理論の問いなおしはそれを支える日常経験の自明性の根底にまで及んできている。そういうなかで、共通感覚の考え方を掘り起こして新しい光をあてることは、少なからず意味を持つはずである。その捉え方、考え方の細部については吟味しなおす余地があっても、大筋の捉え方、考え方としては古びない意味をもっている。それどころか、あえていえば、現在私たちのまえに提出されている人間像や芸術論の多くの重要な問題、すなわち、知覚、身体、アイデンティティ、言語、批評の根拠、生きられる時間や空間、風景、制度、虚偽意識などの諸問題は、みな共通感覚の問題にかかわり、そこに収斂していくとさえいえるだろう。共通感覚の考え方が含むと思われるさまざまな問題を顕在化させ、展開することは、現在における知の組み換えのなによりの手がかりになるはずである。

中村雄二郎氏がこれを記したのは、一九七九年、今から約四〇年前である。

当時、学問を席巻していたともいえる「デカルト的な専門知」への閉塞感を前に、アリストテレスやヴィーコの思想等をも参照しつつ、人々が有する「共通感覚」にもとづき「開かれた知」へ転換する必要性を論じたものであるが、現在において、大きな事態の進展を実感しうるであろうか。むしろ、経済学・経営学・法学・哲学といった個別学問の専門化をめぐる状況はさらに進み、中村氏の主張は、よりリアルなものとなっているといえないだろうか。

つまり、本論考の趣旨に立ち返れば、「コモン」概念には、人々の有する「個別知」をより普遍性のある「共有知」へと導く意義が込められていることも記憶に止めておくべきであろう。

次に、法学における「コモン」概念をとりあげてみたい。

法学においては、従来より、制定法優位の大陸法(フランス、ドイツなど)に対し、「コモン・ロー」(=慣習法)の伝統を有する英米法が、比較法的に論じられることも多い。

近代立憲主義の母国とされるイギリスには、現在においても明文化された憲法典がないが、過去からの法律と判例の蓄積が「実質的な憲法」を構成し、まさに「コモン・ロー」として機能しているのは周知の事実である。

この場合の「コモン」概念は、過去からの歴史と伝統の蓄積が、多様性ある人々の「共通の慣習」として機能し、必ずしも「目に見える」憲法もしくは法律として存在しなくとも、「目に見えない規範」として存在するという「普遍性への信頼」があるように思われる。

例えば、憲法学者である長谷部恭男早稲田大学教授は、その著書『権力への懐疑』[9]のなかで、J・ベンサムの「慣習としての法」という考え方を紹介されている。

ベンサムは、先述のトマス・ペインやルソーといったアメリカおよびフランス革命を先導した天賦人権思想に明確に対峙し、イギリス経験論の立場から、人権宣言(=自然法思想)のある種の「先験性」に懐疑的なスタンスを取り、「慣習としての法」を自然法思想に対置したとされる。

なお、いうまでもなく、ベンサムは、「最大多数の最大幸福」として、今日の功利主義思想の淵源をなすともいえる思想家である。

長谷部教授は、ベンサムの思想を「最高の立法権が人民の服従の慣習によって構成され、かつこの慣習によって限界づけられるもの」と総括しつつ、その思想を次のように論じられる。

以上のような考え方からすれば、法が制定法として、特定の立法者により特定の形式で定められる理由も、それによって各市民が他の市民もその法に従うであろうことを期待することが可能となり、すべての市民が同一のルールに従うことによる利益を享受しやすくする点に求められる。服従の慣習は、したがって、市民相互の期待および市民全体と主権者との間の期待のネットワークに依存するものと考えられよう。同様に、立法権を枠づける憲法的制約も、このような相互の期待のネットワークを基礎とする慣習によって構成されることになる。したがって、憲法典も、それが実際に遵守され、慣習となっている限りにおいて、憲法でありうることになる。もちろん、単なる慣習と比べれば、憲法典として明示される立法権への制約は、はるかに人民の期待とそれに基づく行動とを導くことが容易であり、したがって、遵守されることも多いであろうが、立法権にたいする拘束力およびその根拠の点で、不文の慣習と原理的に異なるわけではない。

自然法にもとづく人権思想を唱導した「コモン・センス」の著者（トマス・ペイン）への批判者として登場したベンサムにおいても、その主張の根底には、「コモン・ロー」である慣習法が、社会において人々によって遵守されてきたこと、即ち「慣習への信頼」があったといえよう。

一方で、経済学においては、「コモンズ（共有地）の悲劇」なる概念がある。公共財の提供を市場に委ねた場合に、「市場の失敗」を招く象徴的事例として用いられるものであるが、残念ながら、それは否定的ニュアンスを含むことは否めない。

しかし、この「コモンズの悲劇」なる概念は、公共財の提供を政府が行うことを正当化するための「思考実験としてつくられた論理」であって、歴史的にも社会的にも、なんら実証的に裏付けられているとは言い難いのではないか。

事態は、むしろ逆であって、先述の「慣習法」の存在を引くまでもなく、地域社会や共同体においては、森林、河川、入会地といった「共有地」は、住民全体の利益を長期に守るものとして永く存続してきたものであって、そこには、強力な「コモン」概念、すなわち、場合によっては厳しい社会的制裁をも含む、共有財産としての「使用と保存のルール」がそれを支えていたことは、池上名誉教授が、本講義録で考察されている遠野研究をはじめ、これまで実証的に明らかにしてこられたことである。

いずれにせよ、経済学においては、池上名誉教授が、A・スミスの「コモン・ストック」論を捉えなおされたような積極的意義を、「コモン」概念として提起した事例は、残念ながら、必ずしも多くないものといえるのではないか。

(5) 小括

当論考は、池上名誉教授の提起された「コモン・ストック」論が、経済学のみならず、経営学、法学、哲学等へも「開かれた可能性」を有することを論じた。

と同時に、経済学においても、「貨幣・市場・組織・制度」といった「広義の社会的資本」を、さらに「知識・情報・慣習・能力」といった「目に見えない資本」にまで拡張しうる「豊かな可能性」についても考察した。

時おりしも、現代の企業経営論は、アメリカから移入した「株主至上主義論」への懐疑から、「会社はだれのものか」[10]といった議論を経て、「企業は、株主・従業員・顧客・地域社会といった幅広いステーク・ホルダーに支持されてこそ存在しうる」という、ヨーロッパ型の「ステーク・ホルダー論」が主流となりつつあるように思われる。もちろん、福原文化資本論も、こういった流れを牽引してきたことは間違いない。

世上、企業不祥事が顕在化するたびに、企業の社会的責任が問われることが少なくないが、個別企業の責任を問うことは当然としても、そもそも企業が社会に存在する意義を「コモン・ストック」論を切り口に位置づけることが、より重要であるように思われる。

我々の課題は、本論文Ⅲ章で述べた、池上名誉教授の「二つの分析視角」から、「コモン・ストック」論を切り口にして、現代の企業経営をはじめ、本来、当概念が基底的に支えるであろう地域社会における、教育・医療・福祉・文化・芸術といった諸分野の「創造・蓄積・伝承・交流」過程が、どのようにあとづけられるかを、実証的に明らかにすることではないだろうか。

以上

2 文化資本の経営を考える

倉野　享

昭和から平成、そして新たな元号へと変わろうとしているときに、多くのメディアが平成という時代を振り返り、考えるという企画が多く持たれています。評論家の方々が話されるのとは別に一人ひとりが、自らの暮らしを見つめてどのように経過してきたかは、未来に向けての過ごし方を考える上で見ておく必要があると思います。それは、社会が分業化され体制やシステムを作る方法・手段が重要視される時だからこそ次の時代にいかに生かしていくかを考えていくときにどのような眼を養ってきたかというところで非常に重要だと思います。

多くの人が昭和の精算だとかバブルの崩壊の処理とかいいますが、神戸や東北、熊本に北海道の地震に中国地方の豪雨など自然現象に対して大きな被害がもたらされた時代でした。その開発や普及には政府の力や方針があるところで奨められてきた〝都市〟があります。もちろん古くから創られた地域もありますが、依存のあり様は人々の心の内で大きくなっています。そうした中で、国の借金は、一〇〇〇兆円を超え、一一〇〇兆円になろうとしており、一人当たり約八七〇万円を抱える状況になっています。政府は、様々な策を示しますが本当に良くなり安心できるかの確信を誰も持って進めているのではなく「神の手」を借りるための手を打つということになるでしょう。こうした時、自分の身を政府が守ってくれると真剣に思える人がどれくらいいるでしょうか。こうした時だからこそ、一人ひとりが「何か（フロー）を生み出すもの」として「ストック」した能力を発揮する機会を創り、今の暮らしを持続させながら良くしていくための「生み出し」行為の必要性が大きくなります。この進め方は、今働いている状態をすべて捨て去り、ゼロにして進むのではなく、「分業」の内にいながらも能力を開発していき、職人としての道を歩み進めていく準備と取り組み機会の創出です。その機会は、働く時間が「拘束」として捉えられるならば、余暇をいかに活かすかという用い方の考え方から始められます。一人ひとりが、それぞれ異なる専門分野のもとで働き知識や技術を身につけているからこそ融合が予想もしない新たな発見を産み出し、互いの力が創造へと導きます。それは、互いの力を発揮しあいながら進めていく始まりとなります。この相互の生かし合う関係は、「財」としての生み出す連鎖をもたらし、支えながらも不足するモノを生み出して、来るであろう貨幣経済の限界の時に起こる状態に対しての共有資本を備え（ストック）に出来ます。

こうした考えからは、投資は金銭的な面だけではなくなり、知識や技術、ノウハウに「術《すべ》」がなり、提供し、持ち寄ることから生み出す術を創っていける可能性に結び付けていけます。

例えば、学習機会に経験を含めるとき、○○があれば良い時に、場所や機会を有しているならば提供して生産に結び付けることができます。そうした機会は、提供する側にとっては知ってもらいたいという思いに応え、協力してもらえる喜びを得ることになります。行く人にとっては、専門性に触れた学びの機会となり、新たな気付きが得られます。こういう双方にとって成長への有益な機会を創ることができます。

そして、成果や実りを共に味わいながら反省や気付きを話し合い、より良きあり方を生み出していく学習機会づくりが可能になります。（以下省略）

3　文化資本の経営へのコメント

古畑　浩

福原先生の『文化資本の経営』という高著は、小生も所蔵しておりますので、まずは、福原先生のご著書から感想を記させてくださいませ。一九九九年刊行。小生は大学院D2年の学生でした。当時、文化経済学と農業経済学との齟齬に苦闘致しておりました。研究室を変えることも考えたり、なぜ、就職できないので大学院博士後期課程に進学したのか?とも思っていました。就職試験を受けようと、湯布院にもゆきました。ここは一度訪れたかったまちづくりの本場であり、辻馬車が馬搬につながる伏線でもございます。

福原先生のご著書について。

現代の経営と言われるものは、経済を自然や社会から分離した（vi頁）とあります。これは、自然や社会のシステム、仕組みから経済が離脱したことへの戒めと受け取られます。このうち、社会は人からできていますので、人が生みだす文化を資本として捉え、文化資本をどうマネジメントに活かしていくのか？　ここに核心がありました。

福原先生は、人が生みだす文化は「異質な相反する物事の出合い」によって生み出される（五頁）とご指摘されておられます。その通りです。国内の他の地域からの訪問や外国人観光客との異文化インターフェースなくして、わたしの「木曽路は全て山の中」にある閉塞的な田舎は立ちゆきません。

福原先生は、文化資本の概念として、「文化生産」という表現をなさっておられます（7頁）。異質な外在性を内在化して、新たな外在性として生み出す、とされておられます。

また、先生は、文化は自己生成しながら価値を変革することがある、とご指摘されておられます（一四頁以下）。その通りでして、自分も変えながら、他者も変え、そして、新たな価値を生む。

福原先生が強調されましたのは、文化資本と経済資本の対立を文化資本優位の側に転換するような、社会資本の経済的な領域をつくること（二五頁）であります。これも、その通りでして、社会資本の概念を私が初めて学習致しましたのは、宮本憲一先生の環境経済学のご著書だったことを記憶致しております。わたくしは、除本先生と同年齢のようです。風樹文庫で除本先生のご著書を拝見したことがあり、池上先生の御研究にも触れられている注記があったことを思い出しました。地域づくりと環境保全についてですね。

また、福原先生は経営とは芸術作品を創造していくことであることもご指摘なされております（五六頁）。これは、私の派遣されているお弁当製造所の玄関、廊下を美化することに直結します。なぜ、あのマネージャーは掃除を習慣化させないのか？　忙しすぎる名ばかり店長にはその余裕がありません。わたしも気づいているので、正社員に言っても、業者に任せてあるからやらなくていい、などと言われる始末。結局、おととい、廊下を箒と塵取りで店長と女性ドライバーSさんがやってましたがね。

福原先生が強調されますのは、正統な分配（一八一頁）。とりわけ、弁当配達の身としては、最後の2社にどう、不公平なく、平等に、同じ品質のものをお届けできるか？　これです。これにかかってくるのです。

以上が、わたくしが福原先生のご著書とともに、働きつつ学んだことです。

続きまして、池上先生から学んだことを書きます。

驚かされたのは、ケインズがスミスの伝統を断ち切った、という点です（一四頁）。遠野や気仙と京都との関係にも興味をもちました。他の地域のことはよくわかりませんが、東西二都物語のさらなる発展を祈念申し上げます。

4　文化資本による自己確立と〝微妙な差異を創造するデザイン能力〟

麻畠正資

みなさま。こんにちは。

私は京都で西陣織を営み、ネクタイ製造を生業と致しております。

何年も前から、池上先生の下で、「文化経営」を学びました。

文化経営と申しますのは、西陣固有の伝統における「技《わざ》や文化《ぶんか》」を先人から継承しつつ、流行や普及した考え方に執着せず、顧客の〝美的なデザイン感覚〟を敏感に、また、的確に感じ取ること。そして、身につけた熟達の技や文化力を活用し、「伝統を今に生かす創造的なデザインをもつ製品」を生み出すこと、それをみなさまに買っていただくことによって、「みなさまの生活を豊かにすること」と心得ております。

従いまして、西陣織ネクタイの製造・販売においても、多様なネクタイ製造の技から学びつつ、他社と共生し、学びあいます。これは、他社の真似をして同じようなものを作り、低価格で競争を仕掛け、他社を倒産に追い込むなどの手法とは全く違うものです。

互いに他を尊重し合う、公正な競争を心がけ、私自身が、他の製品にはない、微妙な差異を創造するデザイン能力を身につけて、質を高める公正な競争をしていく必要がございました。

本日は、及ばずながら、苦労しつつも、このような能力を身につけまして、顧客の要望に応え、将来は、西陣のモデルとなりうるよう謙虚な〝営み〟を続け、熟達した職人技や現代の美を創造しうる文化性によって、経営を維持し発展させたいと考えております。

また、従来、この方向で経営を試みまして、事業を再建し得た理由をご説明いたします。

その理由というのは、大別して、二つありました。

一つは、私自身が職人として育つ過程で、自己を確立し得たことです。

そして、もう一つは、顧客の要望を知るための、アンケート調査などで、これまで、常識とされてきた、「西陣らしいデザイン」ではなく、若い人々のデザイン感覚にマッチする「微妙な差異」を創造し得たことでした。

同時に、この二つを達成し得たのは、「西陣は衰退しているのではないか」といわれる中で、私自身の会社経営も、親の代に巨額の赤字と負債を抱えつつも、必死に再生の道を探求し、努力や労苦と引き換えに我が身に体得し得た文化資本によるものと考えております。

では、それぞれについて、ご説明いたします。

(1) 職人として育つ中での自己確立の大切さ

「人の世」といわれますように、世の中は、人がつくっています。

どのような社会であれ、変動する経済や、不安定な経営に振り回されているように見えても、職人の世界の中で、「あの人はしっかりしている」といわれるような、「社会人としての自己の確立」が必要だと思います。

では、職人の世界では、義務教育や高等教育を経て後に、何が、自己確立を可能にしているのでしょうか。

私は、自分が経営者でありながら、職人の自己確立には、損得勘定優先の経営者ではなく、「思いやりを持つ親方」の存在が不可欠だと考えております。

職人職場の親方は、伝統の技などを学び合い互いに育ちあう場をつくり出すことができます。

私共の仕事場は、大企業のような命令系統が明確で職務の分担関係が明確、かつ、専門家も横についている組織ではありません。職人の職場は、学習の機会を生み出すのですから、人と人、人格と人格がぶつかりあい、他人にも、自分にも向き合います。このことによって、「人間とは何なのか」を肌で理解するのです。

このとき、先を行く、熟達の人は、経営者ではなく、親方なのです。

経営者と親方の違いは、何か。

それは、組織として利益を最大化することではなく、他人の、職人の暮らしを思いやる力が求められます。他人の暮らしを思いやる親方には、職人の卵に対する場合であっても、職人の側に「仕事に対する安心感」が生まれます。この安心感が、「仕事に対する意欲」を生み出します。そして、この意欲が原動力となって、様々な経験を積みます。

さらに、職人、社会人として「一人前」になり、親方や同輩から認められることで自己を確立していくのです。

この意味では、「思いやり」こそは、「自己を育てる心の糧」と言えます。

心の糧は、単に、手に職をつけて報酬をもらうだけの人間ではなく、「自分は何ができるのか？」を自らの手で親方や同輩に証明する意欲を生み出すのです。

仕事でカネをもらうだけの人間にはなりたくない。自立した人格として、お互いに認め合い、学びあい、尊重しあう関係を創造したい。これが、職人の本音です。

この状況を、いわゆるブラック企業と比べてみましょう。

カネさえだせば、人の代わりになる人は、いくらでも入る。という冷たい関係。

新人や若者の持つ「気力、体力」を吸い取り、かれらの仕事をすべて現金にすることで、企業の利益を大きくする。これでは、仕事を通じて自己を確立するどころか、企業や社会への参加意識も薄れ、疎外感すら感じるようになります。雇用と収入の不安定は、「低い自己評価」と「成功への願望」の狭間で、ストレスに悩み、心が痛みだします。

これらが精神の許容度を超えたとき、自死か、反社会的行動、より弱者への攻撃が始まります。近年、無差別殺人にような事件が起こり、自己を認めてくれない社会への復讐ではないかと思います。

これに対して、自己を育む職人的な人材育成は、犯罪を防止して社会的な損失を減少させる、「文化的な投資」でもあります。

(2) “微妙な差異を創造するデザイン能力”について

仕事(学問にも)向き合い、思いやりという心の糧を得ながら、自分が持っている潜在的な学習能力を生かし、自分は、苦しい経験をも歓びに転換できるという自信を持ったとしましょう。それは、自分の持つ、固有の価値に気づき、自分の感性を磨き、他人の良さを引き出し、弱点を指摘し、「他を認め大切にする」生き方につながります。

職人仕事の製品の良し悪しは、「職人の感性」に依存するところが大きいのです。とりわけ、顧客の感性に共感するには、自己を確立して、他を尊重しあい、ともに高めあうといった、響きあいともいえる感性が育つこと。これが、大切だと思います。

反対の場合には、経営者同士が対立して、血で血を洗うような生存競争となり、相手が倒産してとどめを刺されるまで争います。勝者が市場を独占して儲けようとします。文化資本の経営は、逆に、互いの経営を思いやり、職人を思いやり、経営の内外で「共生や共感」を大切にします。

このような「共生や共感」の心がけこそが、職人の感性を磨き上げるのです。

感性は、全体的な色彩や形などのデザインだけでなく、絹織物の場合には、布地の風合いや光沢手触りといった「機械で数値化しにくい微妙な仕上げ」が非常に大切です。

顧客が品物を手に取った瞬間、「脳に何か、いい感じ」が購入の決め手になります。

食文化も同様ですね。むかしから、うなぎ料理や、焼き鳥は、焼く時のにおい、煙の生み出す味わいが商売のコツといわれます。

職人仕事とは、「数値化しにくい微妙な差異を感性で産む技術」なのです。これを磨き合って公正に競争する。

この「微妙な差異」は、親方を中心とした職場、そして、関連事業が集まる産業集積地、日常生活を包括する地域全体が創造の環境であり、ここから、人に体化される職人技・伝統文化などの文化資本が生み出されます。そして、これが「元手＝〝微妙な差異を創造するデザイン能力〟」となって、魅力ある製品を生み出すのです。

産地には、同じ仕事であれ、違う職業であれ、職人が集まります。そして、産地固有の文化資本が形成されてゆきます。

このことは、日本各地に、それぞれの産業集積地があり、地域と地域、地方と都市が持つ文化資本の差異が互いに交流し互いに必要とする新たなものを生み出すことを示します。

ここでは、生産者から消費者・顧客への流通が経済の原点となっています。

ゆえに、互いに、職人技を学びあい、個々人の技能を錬磨し、自ら学んだことを次世代に教え伝えて、文化資本を育みあうことは、衰退しつつある地方経済を立て直す原点になります。地方経済は農林工芸を基礎とした産業集積地の事業が大都市部からの量産型組織との価格競争に敗れ、所得水準が低下して、地方から大都市への人口流失が起こります。職人型事業の衰退と人口減少の悪循環が起こっています。

これを良循環に転換するには、職人の力量を維持し創造的に発展させ、「数値化しにくい微妙な差異を感性で産む技術」を次世代に伝え、顧客に歓んでいただき、しっかりと、事業を成り立たせ、人口を呼び戻す必要があるのです。市民大学院やふるさと創生大学が、「語り継ぎ、伝え、創造する場」になりつつあることに希望を持っております。

(3) 現場では、何が起こっていたのか。

次に、もう少し、具体的に、どのように「地域固有の文化資本を活かすのか？」を私自身の体験から裏付けで見ようと思います。

私の家は、祖父が織物にかかわり、父の代で、製織をはじめ、現在に至ります。

その歴史は、まさに、「栄枯盛衰」そのもので、創業当時は真面目に実直にやっていましたが、昭和の高度成長期から平成のバブル経済に浮かれ、バブルに翻弄された挙句に残ったのは莫大な借金だけという状況でした。

それらすべてを「世の中が悪い」「バブルが悪い」「銀行が悪い」などと責任を転嫁できる人々は、まだ、幸せなほうです。

私に突き付けられた現実は、巨額の借金返済と崩壊した事業の立て直しと、従業員・職人さんの生活の維持です。

加えて、立ち退きを迫る弁護士や、存在しない借金を取り立てに来る悪漢との闘いでした。健康を害し、何度も倒れ、三途の川も、二回くらい病院の手術台で見たような気がしております。

そんななかでも、よいことがひとつだけありました。

それは、「従来の成功モデルから完全に脱却し、骨の髄から考えが切り替われたこと」でした。単純に言えば、「新しい基準で行動する」だけの事ですが、野球のルールが変わってプレイするのとは違って、「何が正解なのか。試行錯誤を繰り返しながら確実に成果を出さねば明日はない。」しかも、予算はゼロで実行しなければなりません。

となれば、どうなるか。

「頭の中で考えることだけは、いくら考えても、タダでできるぞ！」となります。

それしか、道はありません。

将棋や碁のように、頭の中で、何百手も、先を読み、トレースして、日々、仕事に落とし込みます。金銭的にも、すべてにおいても、ギリギリの生活は、まるで、カミソリでできたロープの上をハダシで歩いているような心境で一生忘れることができません。

ですが、「死」を身近に感じていた日々が、もっとも、「生」を感じていた日々でもあり、奇妙な充実感に包まれていました。

すぐ傍にいるであろう、死神すら味方につけて、事業を立て直そうと心に決めておりました。死神との共生です。

このように、「心も頭も切り替わる」と、当然、モノの見方も変わります。

「どうして、当社は、ダメになったのか」から「西陣全体として落ち込んでいるのはなぜか」になり、「当社の再建モデルを産地全体の再建モデルのヒナ型にできないか？」ともなります。

おぼろげながらも、大きな目標への道が見えてくると、俄然、意欲がわいてきます。

（4）百戦危うからず

意欲がわくと、次は行動です。もちろん、闇雲に走るのではなく。

①自社に何ができるのか。
②自社の強みは何か。
③自社にできて他社にないものは何か。
④自社の活用可能な資産（在庫、空間、時間を含む）は何か。
⑤自社に協力的な関係と否の把握
①～⑤は「己を知る」になります。

⑥消費者は何者なのか。
⑦消費者は何を求めているのか。
⑧消費者に当社が提供できるものは何か。

⑨消費者に対応しうる基準線の設定
⑩消費者の好み、または、「必要とする心理の把握」
⑥〜⑩は、相手を知るになります。

つまり、何のことはありません。

「己を知り、相手を知れば百戦危うからず」ですね。

そして、①〜⑩にそって、当社を、いや、西陣織を考えると、「時代の流れに沿っていない」ことがわかります。

西陣織のネクタイ、一つを取ってみても、安価良質な輸入品の氾濫や、クールビズによるネクタイ離れがあります。各地の人口減少は、ネクタイを身につけて人前にでる、「一人前の雰囲気」を持つ場が減少することにもつながります。

しかし、そうだからと言って、西陣織のネクタイが滅びてしまうことはあり得ません。

量よりも質を求める、「本物」への志向は年々強まっていると感じております。

その背後には、良質な絹織物の技術、多品種少量生産の〝営み〟など、「代わりの利かない」「ここだけにしかない」良さがあります。

その意味では、「本物」を有する、こちらが有利なのです。

京都でも観光客が増加していますが、お買い物やお土産には、本物しか通用しません。

そこで、(1)に記した「固有の価値」を活かした製品化を実行し、(2)で記しました、微妙な差異を感じ取って製造しつつ、時代を読む力を養わねば経営になりません。そして、それが必要とされる地域へと流通させていくのです。

(5) おわりに

数年前、池上先生に、「学者は文字を活かす職人です」とお聞きしました。それ以来、文字や文脈の美しさとは、何だろうかと考え続けております。

同じ意味を伝えるならば、美しい方がよいのではないか。

では、どうすれば、良いのか。

これも、本物の文学から学ぶほかないのではないか。

私は、本物の文学を探し求めて、ゲーテと宮沢賢治の作品に、美しさを感じます。

また、美しくても自殺した人の作品は読まないようにしております。理由は、文化資本の本質である、「人の潜在能力を学習の機会や場で引き出し、発展させ、継続する」と相いれないからです。

今後も、西陣だけでなく、人から人、手から手へと仕事が受け継がれていくためにも、文化資本、文化経営、文化経済を学び、現場で活かしていく所存です。

長文になりました。お読みくださりありがとうございました。

5　ふるさと創生大学講義録を読んで

徳島県阿南市　松本郁夫

ムラの豊かさから町の貧しさを見直す――農村文化資本が生み出す豊かさとは何か

かれこれ、三〇年の間、行政の立場で、第一次産業と、その営みの場である農山村漁村に関わった。思えば、この歳月、一貫して交わしてきたのは、「過疎の村は明日にも、この国から潰え去ってしまう。」との悲観論でした。

都会なら無理なく通用するであろう、経済効率一辺倒のものの見方、考え方をあてがっては、「これじゃ、箸にも棒にもかからない」とうつむいてばかりいたような気もする。

ところが、その、とうのむかしになくなっていたはずの村々は、中には、限界集落などと疎んじられてきたものさえありながら、したたかに命脈を保って、ゆるぎなく、ひとつこの国土に在り続けている。

この世の中の、いわば、七不思議とも思えそうなこうした事態は、いったい、いかなる事情、いかなる仕組みによってもたらされているものなのか。ただ単なる収入と支出の関係では測りがたい、次元を異にする「ものさし」をあてがうべきではなかったのか。

こうした疑問・反省を含めて、田舎は「文化資本」のキャピタル・ゲインで食っている。都市の価値観の枠外に置かれている「ふるさと」は、フローの演算にはひるまない、もう一つの価値観の上に根を下ろして厳然と在り続けている。

過疎の社会を蝕んでいる病理は、決して、トーキョー仕様の資本、もろもろの整備水準が低きにあることをもって言うのではない。と、こう強く思う。思わずにはいられない。

地方では、いま、大学へ進学する若者の四割が、都会に向かわず、親元から通うことを選んでいる。こうした、ある種、後ろ向きの姿勢を、草食系の気概のなさであるとか、ぬるま湯体質であるとかのものいいで片付けようとする向きも依然として根強いわけであるが、こんな一方、都会では、正規の労働と、非正規のそれとが、動かしがたい比率で仕分けられてしまう現実が横たわっている。

都会の貧困は、職場がない＝非組織、家がない＝非定住、身寄りがない＝非家族、の合わせ技によるものとされている。

ネットカフェ難民は、ケータイだのみの日雇いから見放された、その晩は、みちばたにうずくまるしかない。個々人の資質、能力では、いかんともしがたい、社会の構造に目を向けずに、自己責任の一言で片づけてしまおうとの無責任論もまた、まかり通っている。

ひるがえって、田舎では、目に見ないセーフティネットが働く。豊穣の土はエンドレスの恵みをもたらし、加えて、幾世代、幾十世代にもわたって育まれてきた、ストックは、統計に表れない「プラス・アルファの豊かさ」で包み込んでくれる。

トーキョーに出たら食えない、生きていられなくなるかもしれない、……漠然たる不安が、高校生をして、自己防衛に走らせているともいえるのではなかろうか。

わたくしたちの、この国は、ひとつの憲法、ひとつの法体系、ひとつの制度的な枠組みの中におかれてはいるが、実は、「マチ」と「ムラ」という、およそ、次元を異にする、二つの世界から、成り立っているのかもしれない。

食料の自給率が3割を切った、うんぬんが、危惧される昨今ではあるが、少なくとも、田舎に、身を置いて、暮らしている分には、こうした実感・切迫感はない。

コメはいうまでもなく、野菜、魚、果物、……世界文化遺産の「和食」を口にしている限り、「国内」どころか、「地域内」何となれば「自家」においてすら、易さと自給は許され、まず、おつりがくるなど、つくづく、ほどほど、田舎は農家は豊かなのである。

来たるべき、人口減少社会への危惧が声高に叫ばれ出している。

思えば、今日の人口規模は、ひとえに、第三次産業によっている。高度成長の時代に、農村の若者は、都会の工場に吸い寄せられ、やがて、膨らんだ「工」から、右肩上がりだった世の中が、横ばい、さらには、前かがみになっていくなかで、「商」へとシフト。そののち、なお、とめどなく肥大して今日に至っている。

一国の人の数が減少に向かうことで、かつて、私たちが目の当たりにしてきた、世の流動を、逆向きに眺めなおすということになるのかもしれない。

であるのなら、よし、現在の、総人口、一億二〇〇〇万が半分になったところで、すでに、その六〇〇〇万人の規模で成熟社会を実現させている、「英・仏」の水準に落ち着くにすぎまい。私たち、日本人が、誉めそやしてやまない、「先進社会」のフレームワークと等しく肩を並べるのわけである。

あまつさえ、文化立国、フランスは、食料輸出すら許されている農業国であり、産業革命の生みの親、イギリスをして、日々、口にしているものは、自分らの土地でまかなっている。

都市の人口が減少に向かえば、海の外へクルマを売って、その帰り荷で、他所の国々の小麦、トウモロコシ、牛肉……を買い込んでくるのは、もう、許されなくなるであろう。

流通や情報、サービスで、病的なまでに、肥大化した世の中を、無理のない体型へと絞り込もうとする、人口減少社会とは、「神の見えざる手」の働きによるものかもしれない。

1＋1＝2、息をもつかずに、2＋2＝4、その「4」を倍に、さらに、……さらに、……思えば、初めて、この国で、オリンピックが開催された、その折の、謳い文句は、「より速く・より高く・より強く」ではなかったか。

早晩、またぞろ、ひとつ、その祭典が繰り返される。そして、その幾年かのちには、あの「万博」の焼き直しもなされることになる。

生まれ育った、少年のころの、あり様のままに在り続けていたいと、粋がることが年一年窮屈になっていく、この国において、縄文時代この方、連綿と繰り返されてきた、「くらし」は、たかだか、この半世紀の間に、およそ似ても似つかない姿に様変わりしてしまった。

「コモン・ストック」を宝の持ち腐れにしようとしている、との、反省の上に、かつ、また、「結《ゆい》(協働＝学びあい」を通じて、「文化資本」を、この社会の「共同の財産」にしたい、との、願いを込めて、「ふるさと創生」は構想された……こんな風に理解したい。

注

（1）福原義春・文化資本研究会『文化資本の経営』（一九九九年、ダイアモンド社）
（2）宇沢弘文『社会的共通資本』（二〇〇〇年、岩波書店）
（3）宇沢弘文『自動車の社会的費用』（一九七四年、岩波書店）

(4) 石井淳蔵・奥村昭博・加護野忠男・野中郁次郎『経営戦略論』(一九八五年、有斐閣)
(5) 伊丹敬之『経営戦略の論理』第三版(二〇〇三年、日本経済新聞社)
(6) 野中郁次郎『知識創造企業』(一九九六年、東洋経済新報社)
(7) トマス・ペイン『コモン・センス』(一九七六年、岩波書店)
(8) 中村雄二郎『共通感覚論』(一九七九年、岩波書店)
(9) 長谷部恭男『権力への懐疑』(一九九一年、日本評論社)
(10) 岩井克人『会社はだれのものか』(二〇〇五年、平凡社)

なお、池上名誉教授のご著作としては、以下を参照とさせて頂いた。『情報化社会の政治経済学』(一九八五年、昭和堂)、『人間発達史観』(一九八六年、青木書店)、『財政学——現代財政システムの総合的解明』(一九九〇年、岩波書店)、『経済学——理論・歴史・政策』(一九九一年、青木書店)、『マルチメディア社会の政治と経済』(一九九六年、ナカニシヤ出版)、『財政思想史』(一九九九年、有斐閣)、『文化と固有価値の経済学』(二〇〇三年、岩波書店)、『文化資本論入門』(二〇一七年、京都大学学術出版会)。

第8章 人権と能動的な力量
――A・センの所得貧困と能力貧困を基礎に貧困克服の道を探求する

1 はじめに――河上肇による現代貧困論の提起と生命・生活の危機

河上肇は、二七、八歳の時、人生、最大の煩悶を体験され[1]、人間愛を基軸とする〝生命と生活〟の発展や開花に希望を託された。この人間愛を経済学研究へと導いたのは、誠実、正直を経済契約の前提として位置づけ、倫理なき経済は瀬尾立し得ないことを論証した、イギリスの思想家、J・ラスキンであった。

河上はラスキンの主著、*Unto This Last*[2]に注目し、『貧乏物語』の序文に、以下の引用を行った。

There is no wealth but life.

河上訳は「富何者ぞ只生活あるのみ」であるが、文字通りに訳するとすれば、「生（＝生命と生活）なくして富（＝金銭的な富の蓄積）は存在しない」（飯塚訳）であろう。さらに、文化資本論を踏まえて訳するとすれば、「各個人が個性の差異から学習しあい、ともに、生きる人生こそが貴重な資産である」と訳することができる。

ここで、life と云われているのは、和訳するときに、よく「生」と訳されている。生は人生でもあり、人の生命と生活の総体として理解されてきた。そして、ラスキンは、人間が長い歴史の中で心を込め知恵を絞った技や手仕事を継承しながら、自分自身の経験、智慧、熱意、技、個性（文化）を。それらと、結合しつつ、自分のもつ生命体としての潜在能力を開花させ、生活力を身につけることを「生」と呼んでいる。ラスキンの生とは、人が培ってきた、伝統や習慣を継承しつつ、身につけ、創造的発展を生み出す原動力を獲得することであった。

この言葉は、彼が一八六〇年に雑誌に四回にわたって連載した論文「この最後の者にも（Unto This Last）」の一節であった（訳書、一四四ページ）。

今の時代であれば、「伝統や習慣を踏まえた〝生命と生活〟を担う人々がいるからこそ、金銭的富の蓄積があるのだ」などといっても、誰も驚かないが、一八六〇年といえば、産業革命が進行中で、イギリス社会は金銭的富が飛躍的に増加していたときで、経営者は「自分の腕前で儲けている。文化資本を持つような職人や芸術家、知識人の世話にはなっていない」と確信する人々が多数であった。

当然に、一斉に抗議の声が巻き起こり、彼は、雑誌の編集者から論文の連載を断られた。彼は右に引用した言葉に続けて、次のように言う。

There is no wealth but life. Life including all its powers of love, of joy and of admiration. That country is the richest which nourishes the greatest number of noble and happy human beings; that man is richest who, having perfected functions of his own life to the utmost, has also the widest helpful influence, both personal, and by means of his possessions, over the lives of others. (J. Ruskin, *Unto This Last*, Everyman's Library, London, 1907, p.185)

各個人が個性の差異から学習しあい、ともに、生きる人生こそが貴重な資産である。また、文化資本（生）は、人を愛する力量、人生の創造的な〝営み〟を享受する力量、高潔な生き方に敬意を表しながら学ぶ力量を含んでいる。非常に多くの高潔で的確な判断力を持つ、人間性のある人々を生み出すような国は、金銭的な富の多少に関わらず、最も豊かな国である。

さらに、彼自身の文化資本が持つ潜在能力を極限にまで開花させた人こそ、最も豊かな人である。また、そのような人は、人格の力と彼のもつ文化資本（生の力）の両方によって、他の人々の人生、すなわち、文化資本の蓄積に最も広い範囲に支援を行い影響を及ぼす。（和訳）

以上、金銭的な富の蓄積と文化資本の蓄積との関係をラスキンを手掛かりに検討した。彼は、文化資本という言葉を使ってはいないが、「生」という言葉で、「人間に愛や感動、高潔さなど、命を吹き込む〝目には観えないもの〟」に注目している。

河上は、ラスキンを参考にしながら、ラスキンの系譜をひく経済学者、ラウントリーの「貧乏線」という概念に注目し、当時の標準的な一日当たり、摂取カロリー数に達しない生活者を貧困者と定義し、貧困者の比率が非常に大きくなりつつあることを示した。

ラスキンの系譜をひく研究者は、所得の格差など、所得貧困だけでなく、生命や生活の標準的な水準に達しない、「生命や生活の危機状態」が慢性化し、生命や生活の潜在能力が発揮する機会がなく、開花できないことを貧困と把握したのである。これは、現代の経済学でいえば、能力貧困の定義に該当する。

河上は、『貧乏物語』で、この「能力貧困」を研究し、その深刻な意味を解明しているので、彼の、貧困研究における位置は極めて貴重なものであり、現代的な位置を占めているということができる。

2　T・ピケティ『21世紀の資本』

いま、T・ピケティ『21世紀の資本』[3]が爆発的な売れ行きを示している。英語版は三カ月で四〇万部と言うから「凄い」の一語である。

内容は、まず、二〇カ国以上の過去二〇〇年にわたるデータ（主として税務データ）を分析して、大企業の経営者や高級幹部など富裕層が、株式・債券・不動産などに投資してきた「資本」の金額を年度ごとに把握する。そして、これらから生み出される利益、配当や株価などの値上がりによる資本価値の増加額（キャキタル・ゲイン）など「収益」の金額も、年度ごとに計算した。そして、富裕層が投資する「資本」から獲得してきた「収益」の大きさを、「資本対収益」の比率として計算すると、年間平均四―五％という高い比率であることが分かる（この比率を資本収益率という）。

富裕層は大規模な投資をする力を持っていて、それを活用すれば、年間に四―五％も儲けることができる。国民、市民の年間所得の増加率（大抵が実質では減少率になっている）や銀行預金利子率と比べてみれば、何と大きなことであろうか（国民所得の年間増加率を経済成長率という。資本収益率（r）は絶えず経済成長率（g）を上回る（すなわち、r>g）。

この傾向が続けば、富裕層と、貧困層の経済格差、所得格差は拡大するばかりである。

社会は解体の危機に直面してきた。この格差を是正するための国際的な制度を構築しなければ、生命や生活の危機、社会問題が続発し、収拾のつかない混乱状態に世界が突入する危険性が高い。いまこそ、富裕層の所有する資産への累進所得課税を国際的な合意に基づいて、各国、いっせいに、実施しなければならない。また、最低賃金制度などの底上げを一斉に実施する必要がある。

この書は、各国の統計を駆使した、現代の『貧乏物語』であり、情報化社会における税務統計所書の充実を背景とした数値による科学的な認識と社会的合意のための基礎的な前提を形成する。この書が「資本論」と題されていることにも、K・マルクスの『資本論』を連想させていて現代社会のゆきづまりを予言するかのような迫力を持っている。

3 能力貧困を克服する人類の経験

日本社会が格差問題に本格的に目を向けたのは、河上肇『貧乏物語』(「大阪朝日」一九一六年)であった。この書は、ラスキンの言葉 There is no wealth but life を序文にかかげ、ラスキンの学統が開発した貧乏線という貧困測定の科学的方法(キロカロリーで栄養などの摂取量を測定して健康状態を維持しうるかどうかを判断する)を採用しつつ、人間疎外の現実を告発した。

また、先進国イギリスにおける貧困を事例に挙げて、健康を維持するための日本における貧困克服の方向性を解明した。この科学的方法は現代においても継承されている基本的な貧困状態把握の方法であって、T・ピケティ『21世紀の資本論』とは相補いあえる貧困把握の方法であった。そして、河上が提起した貧困克服の方向性は、イギリスにおける工場法や義務教育制度、公衆衛生などの「制度における解明」とともに、ラスキンが提起していた、効用主義や金銭至上主義ではない、人間主義、人格の相互尊重、学び合いや育ちあいの人間関係の構築であった。それは、人間としての生き方や、人格における倫理性を育てる方向性への注目でもあった。格差を是正する制度を生かせる人間を生み出さない限り、どのような制度も生きないからである。

この方向性には、T・ピケティの所得格差論をさらに進めて、現代社会の倫理や文化、人格や人間の発達などの重要課題への接近を可能にするとともに、疎外の現実や、人間能力や潜在能力を剥奪するメカニズムの解明という方向をも示唆されている。

この当時、河上は、貧困克服のための制度改革だけでなく、制度を生かす人間の発達をも視野に入れていたのである。よく知られているように、杉原四郎氏は、河上研究の中で、つぎように指摘されていた。

河上は制度改造による社会主義実現を見るためには、経済思想がまず個人主義から人道主義への転換が必要である――金持ちや有識者、指導者の意識改革がとくに重要であるが、それ社会一般の経済意識の変革の中ではじめて可能であろう――という見通しをもっていたのではないか、彼の人心改造論の背景には、こうした経済思想の史的発展があったのではないかという『貧乏物語』の読み方を、ここでは一つの仮説として提示するにとどめる。(4)

4 A・センの能力貧困論

現代経済学においては、A・センが、ここでの杉原論文と同様の方向性を示唆してきた。それを示す『自由と人間開発』(5)の一節を紹介する。

政策論争は所得の貧困、所得の不平等を過大視する傾向がある。その結果、失業、不健康、教育の欠如、社会的疎外といった他の要因における貧困状態を無視する傾向を生み出す恐れがある。(邦訳、121ページ)

センは、所得貧困と能力貧困を区別し、後者を研究する重要性を示唆した。日本の経済学も、一九七〇年代から、保育や福祉、医療などの諸問題を経済学研究の視野に入れ、疎外問題を「あらかじめ希望が失われる」絶望状態の研究、生存競争の研究へと目を向けてきた。経済学研究も、漸くではあるが、ラスキンやモリス、石田梅岩や二宮尊徳の研究に向かいつつあり、ヒューマニズムやコミットメントの概念が経済学に定着し疎外状態からの改革のためには、高い人格を持つ人間が経済や経営を担うべきではないかという視点が浸透し始めている。地球環境問題や大災害のなかで、格差や貧困、地域再生の課題が深刻化してくるので、人と人の信頼関係による〝つながり〟や〝ひろがり〟の大事さが痛感されてきた。孤立と生存競争から直接には変革は生まれない。信頼関係という媒介があってこそ社会的合意、自治と変革が生まれる。

5　身につけた力（エンタイトルメント）と能動的な力（エンパワーメント）

『自由と経済開発』（第八章「女性の能動的な力と社会変化」）において、センはメアリー・ウォルストンクラフト『女性の権利』（一七九二年）を引きながら、権利を擁護する政策における考慮点として二点を挙げている。

（1）女性の福利。エンタイトルメント（健康や知識、衣食住のように女性が身につけ所有権を持ち自由にできるもの）＝女性の福利増進の権利

（2）女性の能動力。エンパワーメント（人が自由に発揮できる能動的な力の獲得を目的とした権利）＝機会の社会的な保障と、機会を生かす力量の獲得を支援すること。

例として、教育（例えば医学教育）の機会やそれを生かした資格（例えば医師資格）の獲得など。（邦訳、215ページ）

ここでは、女性に対する公平な処遇だけではなく、「女性の能動力（agency）の積極的な役割」を含む。「女性は、もはや、福祉向上を支援されるという受動的な立場＝受け手にとどまらず、男性にとっても、女性自身にも、変化のための能動的な力であると見られるようになっている」（同、215ページ）。社会変革の推進者としての女性である。

さらに、能動力と福利の関係を研究すると、女性の福利を充足する緊急性の認識の必要性が明らかになる。（例として、過度の女性の死亡率＝消えた女性たち。保険医療や、その他の必要物の配分における性差別の結果、死亡した事実。A・セン「消えた女性たち」*British Medical Journal, March,* 1992）そして、緊急性に応答する女性の能動力への期待および「能動者」＝agentとしての重要性が解明される。

ここでは、能動者が存在してこそ受動者を支援しうる可能性が拡大するのである。

能動的な力の役割を理解することは、人々を責任ある人間として認めるのに最重要なことなのである。たんに元気か、病気かだけでなく、行動するのか行動を拒否するのか、他の方法でなくこの方法で行動することを選択できるかどうかなのだ。

したがって、われわれ——女性、男性ともに——はあることをなす、あるいはなさないことについての責任を取らなくてはならないのである。これは、受動者と能動者との相違をつくりだすのであり、この相違を認識しなければならない。（同、216ページ）

女性の福利に対する、男性などに対すると同様の敬意や配慮に大きな影響を及ぼすのは、独立した所得を稼ぐこと、家庭の外に職を見つけること。所有権を持つこと、文字が読め、家庭の内外の諸決定について教育ある参加者になれること、などの能力である。（同、218ページ）

このなかで、協調的な対立——男性との協調的対立——家族への貢献度・生産性の評価などとともに、エンタイルメントの認識（220ページ）が家族内の共同利益の分配への影響を解明する手掛かりとなる。すなわち、「独立した所得を稼ぐこと、家庭の外に職を見つけること。所有権を持つこと、文字が読め、家庭の内外の諸決定について教育ある参加者になれること」である。

注

（1）住谷悦治『思想史的に見たる河上肇博士——「貧乏物語」以前』（教研社、一九四八年）。

（2）John Ruskin, *Unto This Last* (E. T. Cook and A. Wedderburn eds., *The Works of John Ruskin, Munera Pulveris, Time and Tide with Other Writings on Political Economy*, 1860-1873, George Allen, London; Longmans & Green, New York, 1905. 日本語訳は、飯塚一郎訳「この最後の者にも」（五島茂責任編集『ラスキン、モリス』（世界の名著52）中央公論社、一九七九年所収）。

（3）Thomas Piketty, Le Capital au XXIe siècle, Seuil, 2013（英訳 *Capital in the Twenty-First Century*, 邦訳『21世紀の資本』山形浩生、守岡桜、森本正史訳、みすず書房、二〇一四年）

（4）杉原四郎『『貧乏物語』の想源』岩波書店、一九九六年、106ページ。

（5）Amartya Sen, *Development as Freedom*, Oxford University Press, 1999. 邦訳、『自由と経済開発』石塚雅彦訳、日本経済新聞社、二〇〇〇年。

おわりに――学習社会の創造＝格差克服への道が目指すもの
――ふるさと学校づくりを日本と世界に

米中激突の中で

今、世界は、未来社会の姿をめぐって、大混乱の最中にある。

かつての、民主主義と個人尊重、自由の象徴であった、大国アメリカと、市場経済を発展させる新社会主義国、中国との対立は「自由」という価値観と、「社会」という価値観が激突して、「力による平和」など、昔風の用語が飛び交っている。

まさに、両者、空しく「共倒れ」になりかねない状況を呈してきた。大国であるだけに、周囲の国々も、巻き込まれれば一大事である。なんとか共生を図ってもらいたいが、これは世界共通の切実な願いである。

本書が提起する「学習社会の創造」は、このような願いの一つであって、人間関係や、国家間の関係を、相手を滅ぼすまでの生存競争の関係から根本的に転換することを目指す。そして、「スタートラインの平等」を実現する所得再分配の制度を生かしつつ、一人一人が自由に自立して、文化力を高め、それに伴う、経済力を持って、公正に競争できる社会を求めている。このような「平等で、公正競争を実現する社会」は、学習社会の創造によってこそ、実現するというのが、本書の主張である。

そして、学習社会を構築するには、人類が持つ潜在能力としての学習能力を自然や人工物や人々との対話や交流の中で、引き出しあうこと、学習の成果が「響きあって」、個性の差異が共通の財産となる場が形成されることが重要である。

これらが避けて通れない、課題となっていることを示そうと努力した。

響きあう人間関係を

相手を敵視せず、個々人が誠意をもって互いに個性を尊重しあい、相手から学んで、「自分の世界」と「相手の世界」を理解しあうことである。孤立して耳をふさぎ、目を閉じて、相手の世界を理解できなくなれば、「呼べど答えず、探せど見えず」の人間関係となる。そうなってしまうと、これから生きてい行くうえで、人間が互いの違いから学びあって、人生の進路を自由に選択する幅が狭くなってしまう。

これでは、自由に生きられない。

さらに、広い選択肢を持ちながらも、あくまで、自分を持ち続け、各自が創意工夫して、自分の可能性を発見する努力をすることも重要であろう。岩手県気仙郡住田の歌人、佐藤霊峰は、「この道は細く果て無き道なれば一人静かにゆかんと思う」と詠《うた》った。彼は、この歌を自分に言い聞かせ、個性的で自立した生き方をしようと決意する。その意味では、家族や、地域や、社会や国家に依存せず、自分で仕事を見つけ、生活の経済的基礎を固めつつ、自分の道を切り拓く決意。これこそが、自由を愛してやまない現代人が生きる上での原点である。彼は、当時、郵便局に勤めながら、東京で夜学に通っていた。

自分の可能性を発見する

本書で取り上げる学習社会とは、「自分の可能性を発見しようとする」開拓者の精神を、互いに認め合い、互いに学習を支援しあう社会である。

霊峰の父母も、地域社会も、歌の先覚たちも、霊峰の生き方に共感して、乏しい財布の中身を分かち合うようにしながら、個人の生き方を理解し支援した。ここに、「互いの心が通う」状況が生まれたのである。心が通えば、互いの、生きている世界が、共感でき、理解できる。それは、単なる知識としての世界ではない。人が相手の世界での生き方に共感し、学習への意欲が生まれ、学びあいが生まれ、育ちあいが始まる。、これは、A・スミスが言う、人間の共感力を基礎とした、差異から学びあう社会である。すなわち、本書で、「響きあい」と呼ぶ人間関係である。

これまで、人間関係といえば、所有関係が関心の中心であった。財産を持つ人と、もてない人との関係は、格差を生む。これに対して、財産を持とうが、持つまいが、心が通うならば、そこには、共感が生まれ、学習意欲が生まれ、学びあい育ちあいが始まる。そうなれば、心が通うのに障害となっている財産の有無や大小を合意の上で、解決しようとする道も開ける。

日本の開拓者から学ぶ

本書は、幕末の先覚者・開拓者である石田梅岩の「布施」や、二宮尊徳の「仕法」に注目した。ここには、人間の一生において、若いころは貧困に苦しみながら、創意工夫して仕事を起こし、地域をつくり、人を育て、文化を高めるよう努力がみられる。

そして、文化力や信用力を基礎に財産を蓄積し、、財産を持つ人が「推譲」を行って、人々が多様な力量を持ち寄るきっかけをつくるのである。日本社会は、七—八世紀のころから、すでに、「知識結《ゆい》」という言葉があった。この語は、財産形成能力ある人は財産を提供し、建築力など職人能力ある人は、その力量を提供し、財産のない人は労力を提供する「協力システム」である。

幕末のころになると、知識結も洗練されてきて、尊徳の仕法では、財産を持つ人が地域にファンドをつくる「土台金」をだすが、それは、寄付ではない。所有権を残したままの、「信託財産」である。

この「財産」は、無利子無担保融資の原資となり、地域の多様な財源とともに、水利・土壌を改善し、徳農家を育て、商業者を育成し、農民などを呼び戻す。貧困者や病人は給付金を出して、「スタートラインの平等」を実現し、公正な競争の基盤を生み出す。

仕法では、高い農業生産力を実現してのち、貸付金は、全額返済されて、なお、余りある「冥加金」をもたらす。土台金は、尊徳の元に戻ってくる。そして、次の「仕法」地へと、再投資されていく。ここでは、私有財産であって、私有財産ではない、公共財産が形成されているのである。

スタートラインの平等——所得から文化まで

この「スタートラインの平等」という思想は、欧州においても、J・S・ミルの思想として、普及し、所得再分配制度として、世界に定着してきた。

すなわち、仕事や生活のために、自然や他人の人生から学び、学習しつつ、地域を拓くなかで、一人一人を自然や、人生の開拓者として位置づけること。

そのために、「スタートラインの平等を実現し、所得再分配や、文化の再分配によって、公正な競争が行われ、互いに学びあって、共生する社会」。これが求められる。

それは、スタートラインに立ち、人として尊重され、差異から学習しつつ、創造的に、

①「仕事を起こす機会をもてること」
②「地域をつくり、開拓する機会を持つこと」
③「人を育て、人が自分の蓄積した文化資本を次世代に伝えつつ、さらに、創造的に発展させる力量を身につけること」
④「文化の異なる人々や地域から学びあい、文化を高めること」

である。そして、創意工夫こそ、潜在的な学習力を実行に引き出すきっかけである。
人間関係は、「互いの個性を尊重しあう自由・自主・創造・至誠を基礎」とすること。

個と社会のバランスを

生存競争を「相互の文化を理解しあい、共感し、共生しつつ、学びあい、育ちあう関係に転換して、人類の未来を拓く」試みである。

「個」と「社会」のバランスを考慮しつつ、個人間、地域間、集団間、国家間の学びあい育ちあいの場を、生み出していく活動である。

このような試みを展開した、先人としては、欧米アジアにおける、A・スミス、J・ラスキン、W・モリス、K・E・ボールディング、A・セン、日本における、行基、空海、世阿弥、梅岩、尊徳を挙げることができる。

わたくしは、長らく、「生涯学習による社会人の総知識人化」を提唱し、京大はじめ、各大学で、大学院レベルでの生涯学習システムづくりを推進し、一部は、実現してきた。

同時に、グローバル化が進み、地域ごとの特色を生かすことも視野に入れ、情報化社会の技術を生かせる時代。これを、地域学習を基礎とした、通信制研究教育と結合できないだろうか。ここから、新しい教育システムが誕生するのではあるまいか。

すべての社会人を知識人に

今日、日本人にあっては、通信制教育を活用して、「働きつつ学び、博士学位をとる」ことが可能な、潜在能力を持っていることが実証されてきた。

世界一の識字率で、絶えず上昇する進学率、全員が卒業できる大学教育システムがあり、多くのノーベル賞受賞者がいる。にもかかわらず、企業では、海外留学費用を節約し、国内留学もままならない。「国際的なセールスマンで学位がないのは日本人のみ」などと陰口をたたかれながら、本来であれば、学位を持つ知識人になれたはずの方々が、黙々と、名刺に学位がないままの地味な仕事に専念されている。
社会人大学院大学をつくろうと募金を呼びかけても、福祉や環境ならともかく、大学院大学とは贅沢な、という意見さえ聞かれる。

学習社会の未来は、厳しいと感じていた矢先、当のアメリカでシュティグリッツ教授が、二〇一〇年代に『学習社会の創造』という共著を刊行された。また、中国でも二宮尊徳研究への関心がみられる。これらは新たな希望である。

わたくしも年来の関心を世に問うて見ようと、これを機会に本書の刊行に踏み切った次第である。本書には、アメリカとは、学習社会の創造という点では通底しながらも、また、違った、新たな日本流の学習社会構想がある。ご愛読いただければ幸いである。

本書も、前著『文化資本論入門』と同じく、京都大学学術出版会、専務理事編集長、鈴木哲也、同編集部、國方栄二両氏の編集を経て学術選書に加えていただいた。新しい分野のテキストとしてご活用いただければ幸いである。

また、障害児教育を導きの糸として、発達心理学の重要性をお教えいただいた、故田中昌人教授、梅原健次郎教授。文化経済学を日本で内発的に発展させてこられた、福原義春、植木浩、各先生のご教示によるところも多く、厚く御礼を申し上げる次第である。

現在の教育研究においては、藤井洋治（遠野市）、千葉修悦（住田町）両先生はじめ、岩手の方々に負うところが大きい。また、京都においては、H・シャピロ、内藤史郎、中谷武雄、金井萬造、岩田均、廣瀬滋、岸本正美、岸本直美、村岡利幸、越智和子、麻畠正資、荒木一彰、菊地裕幸、白石智宙など各位には、研究教育だけでなく、市民大学院実務においても多大のご支援をいただいた。記して、深く感謝の意を表する。

二〇二〇年九月

京都聖護院の自宅において

池上　惇

索　引

参考文献一覧

赤坂憲夫・鶴見和子（2015）『地域からつくる——内発的発展論と東北学』藤原書店
麻畠正資（2019）「文化資本による自己確立と『微妙な差異を創造するデザイン能力』」①②③，岩手県気仙郡地域紙『東海新報』2019年4月16日，18日，19日
浅見彰宏（2012）『ぼくが百姓になった理由——山村でめざす自給知足』コモンズ
阿保和子（2019）「京都大学『時計台記念館』へのときめき」①②，岩手県気仙郡地域紙『東海新報』2019年2月14日，15日
綾野浩司（2019）「交響する場をつくる」，国際文化政策研究教育学会編『国際文化政策』第10号（2019年8月）
荒金博美（2011）「町家の保全・再生と活用によるまちづくり」国際文化政策研究教育学会編『国際文化政策』第2号（2011年12月）
荒木一彰（2012）「永続的発展の経済学試論」，国際文化政策研究教育学会編『国際文化政策』第3号（2012年9月）
池上惇（1984）『減税と地域福祉の論理』三嶺書房
池上惇（1986）『人間発達史観』青木書店
池上惇（1990）『財政学－現代財政システムの総合的解明』岩波書店
池上惇（1991）『文化経済学のすすめ』丸善（丸善ライブラリー新書・第一号）
池上惇・植木浩・福原義春編著（1998）『文化経済学』有斐閣
池上惇（1999）『財政思想史』有斐閣
池上惇（2000）『日本財政論』実教出版
池上惇（2001）「文化産業の発展」後藤和子編『文化政策学』所収，有斐閣
池上惇（2003）『文化と固有価値の経済学』岩波書店
池上惇（2012）『文化と固有価値のまちづくり——人間復興と地域再生のために』水曜社
池上惇（2017a）『文化資本論入門』京都大学学術出版会
池上惇（2017b）「文化資本の地域経済学——学習社会における職人型小経営の持続的発展」，『国際文化政策』第8号，7-36頁
池上惇・小暮宣雄・大和滋編（2000）『現代のまちづくり——地域固有の創造的環境を』丸善
池田清（2012）「東日本大震災と地域再生——「創造的復興」から「人間復興」へ」（池上惇『文化と固有価値のまちづくり——人間復興と地域再生のために』所収）水曜社
池田清（2019）『神戸——近代都市の過去・現在・未来』社会評論社
石田信博（2011）「伝統的祭りの変容と地域社会への寄与」，国際文化政策研究教育学会編『国際文化政策』第2号（2011年12月）
伊藤裕夫・中川幾郎・片山泰輔・山崎稔恵・小林真理（2001）『アーツ・マネジ

メント概論』水曜社
井村喜代子・北原勇（2016）『大戦後資本主義の変質と展開』有斐閣
ウィーナー, N.『人間機械論：人間の人間的な利用』（鎮目恭夫・池原止戈夫訳）第二版，みすず書房，1979年）
植木浩（1998）「文化政策の展開」（池上惇・植木浩・福原義春編（1998）『文化経済学』所収）有斐閣
植田和弘（1996）『環境経済学』岩波書店
植田和弘（2013）『緑のエネルギー原論』岩波書店
内山昭（2019）「地域経済不均等発展論と不均衡是正の課題」，『立命館経済学』第67巻第5・6号（2019年3月）
海野進（2014）『人口減少時代の地域経営——みんなで進める「地域の経営学実践講座」』同友館
梅棹忠夫編（2001）『文明の生態史観はいま』中央公論新社（中公叢書）
梅本哲世（2000）『戦前日本資本主義と電力』八朔社
荏開津典生・鈴木宣弘（2015）『農業経済学』岩波書店（第4版）
枝川明敬（2015）『文化芸術への支援の論理と実際』東京芸術大学出版会
老川慶喜・渡邊恵一編（1998）『近代日本物流史資料・14（全28巻）大阪1』東京堂出版
大泉辰紀「見守られ支えられ今日まで」①②，岩手県気仙郡地域紙『東海新報』2019年1月15日，17日
大倉朗寛「真の豊かさを実現する生活文化産業」，国際文化政策研究教育学会編『国際文化政策』第3号（2012年9月）
大森経徳（2019）「今・想う“世の為，人の為に社会貢献を”」，大阪産業能率協会『産業能率』2019年3・4月号
小笠原慶彰（2002）「大阪阿市立北市民館と志賀志那人」，月刊『ボランティア』376号，2002年6月号
岡田博（2004）『二宮尊徳の政道論序説——報徳書　獺祭記』岩田書店
小田切徳美（2013）「地域づくりと地域サポート人材——農山村における内発的発展論の具体化」，『農村計画学会誌』第32巻第3号，384-387頁
小田切徳美（2014）『農山村は消滅しない』岩波書店
越智和子（2020）「遠野ハンドクラフト・プロジェクトの歩み」，国際文化政策研究教育学会『第二回全国研究交流会記録』2020年1月17日
小山洋司（2017）「スロヴェニア社会の変化——19世紀後半から21世紀初めにかけて」，『国際地域研究論集』第8号
小山正敏「一人一人を尊重し盛りたてるふるさと創生大学」上・下，岩手県気仙郡地域紙『東海新報』2020年5月12日，13日
粕谷一希（2011）『内藤湖南への旅』藤原書店
片桐正俊・御船洋・横山彰（2016）『格差対応財政の新展開』中央大学出版部

金井万造（2008）・尾家建生編著『着地型観光——地域が主役のツーリズム』学芸出版社
金井万造（2019）遠野・住田文化資本研究会『第二回報告書』2019 年 5 月
金沢創造都市会議開催委員会編（2019）『金沢創造都市会議 20 年の歩み』（上），北國新聞社出版局
川井田祥子（2013）『障がい者の芸術表現——共生的まちづくりに向けて』水曜社
川井田祥子（2020）『障がい者と表現活動——自己肯定と承認の場をはぐくむ』水曜社
川勝健志（2020）『人がまちをつくる——ポートランドと日本の地域』公人の友社
川瀬憲子（2011）『「分権改革」と地方財政——住民自治と福祉社会の展望』自治体研究社
川瀬光義（1985）「第二次世界大戦前における大阪の都市形成過程」，『経済論叢』第 135 巻第 1・2 号
川瀬光義（1985）「都市計画行政と郊外開発」，『経済論叢』第 136 巻第 5・6 号
神戸啓「先斗町の景観まちづくり」，国際文化政策研究教育学会編『国際文化政策』第 9 号（2018 年 9 月）
菊池貴久子・金井万造・横田幸子（2020）「文化資本を生かした復興まちづくりとコミュニティからの地域再生の取組み」，国際文化政策研究教育学会『第二回全国研究交流会記録』2020 年 1 月 17 日
岸本直美（2019）「海と里山を継ぐもの——郷土に伝わる食文化」，遠野・住田文化資本研究会『第二回報告書』2019 年 5 月
岸本正美（2019）『京都の地域文化——花脊地区を中心として』国際文化政策教育研究学会
北尾克三郎（2005）『まちづくり手帳——明日の生活技術とデザイン』マルモ出版
北垣智樹，鴻上圭太，藤本文朗編著（2014）『未来につなぐ療育・介護労働——生活支援と発達保障の視点から』クリエイツかもがわ
橘川武郎ほか著（1987）『関西地方電気事業百年史』日本経営史研究所
京都大学経済学研究科・経済学部：経済学部 100 年史編纂委員会（2019）『京都大学経済学部百年史』
経済産業省・厚生労働省・文部科学省編（2013）『2013 年版ものづくり白書』経済産業調査会
古池嘉和（2010）「山間集落における文化的景観の動態的保存について」，国際文化政策研究教育学会編『国際文化政策』第 1 号（2010 年 6 月）
古池嘉和（2011）『地域の産業・文化と観光まちづくり——創造性を育むツーリズム』学芸出版社

厚生労働省（2013）『労働経済白書（平成25年度版）――構造変化の中での雇用・人材と働き方』全国官報販売協同組合
古賀弥生（2008）『芸術文化がまちをつくる――地域文化政策の担い手たち』九州大学出版会
越澤明（1993）「台湾・満州・中国の都市計画」『岩波講座　近代日本と植民地3――植民地化と産業化』岩波書店
越澤明（2011）『後藤新平――大震災と帝都復興』筑摩書房（「越澤明著作一覧」所収）
後藤和子（1998）『芸術文化の公共政策』勁草書房
後藤和子（2001）『文化政策学――法・経済・マネジメント』有斐閣
後藤新平（1890）『衛生制度論』復刻版，大空社（瀧澤利行編「近代日本養生論・衛生論集成」第8巻，1992年所収）
後藤康夫・後藤宣代編著（2020）『21世紀の新しい社会運動とフクシマ』八朔社
小林俊和（2008）『現代のエネルギー・環境政策』晃洋書房
小林真理（2001）「文化政策の法的枠組み」（後藤和子編著『文化政策学――法・経済・マネジメントー』第3章）有斐閣
近藤太一（2011）「人と道を拓く文化事業」，国際文化政策研究教育学会編『国際文化政策』第2号（2011年12月）
近藤太一（2012）「私塾と官塾による日本地方文化の創出」，国際文化政策研究教育学会編『国際文化政策』第3号（2012年9月）
近藤太一（2018）「ふるさと観光文化資本の発見と文脈の解明」，国際文化政策研究教育学会編『国際文化政策』第9号（2018年9月）
近藤太一（2019）「厩戸皇子（聖徳太子）の生涯と人物像」，国際文化政策研究教育学会編『国際文化政策』第10号（2019年8月）
坂本和一（2018）『ドラッカー「イノベーションと企業家精神」で学ぶ発想転換戦略』東信堂
桜井重康「加藤歓一郎の文章」，国際文化政策研究教育学会編『国際文化政策』第9号（2018年9月）
佐々木雅幸（1997）『創造都市の経済学』勁草書房
佐々木雅幸（2012）『創造都市への挑戦――産業と文化の息づく街へ』岩波書店
佐々木雅幸（2019）『創造社会の都市と農村――佐々木雅幸教授古希記念出版・ＳＤＧｓへの文化政策』（「佐々木教授業績一覧」を含む）水曜社
佐々木雅幸・赤坂憲雄編著（2020）『創造する都市を探る――フィールド科学の入り口』玉川大学出版部
佐中忠司（2014）「筆の都――広島県熊野町の地域特性」，国際文化政策研究教育学会編『国際文化政策』第5号（2014年8月）
佐野ちひろ「文化政策の中の日本女性史」，国際文化政策研究教育学会編『国際文化政策』第1号（2010年6月）

志田裕子（2019）「最高の思い出，京大での発表」①②③④，岩手県気仙郡地域紙『東海新報』2019年3月1日，5日，7日，8日
澁澤栄一（2010）『現代語訳　論語と算盤』（守屋淳訳）ちくま新書
芝村篤樹（1998）『日本近代都市の成立』松籟社
スティグリッツ，J.E. セン, A. フィトゥシ, J.ほか編（2012）『暮らしの質を測る』（福島清彦訳）金融財政事情研究会
スティグリッツ，J.E., グリーンウォルド, B.C.（2017）『スティグリッツのラーニング・ソサイエティ――生産性を上昇させる社会』（藪下史郎監訳・岩下千晴訳）東洋経済新報社（「あとがき」に，ソローとアローへの言及がある）
スティグリッツ，J.E.（2020）『プログレッシブ・キャピタリズム』（山田美明訳）東洋経済新報社
島田晴雄（1999）『産業創出の地域構想』東洋経済新報社
清水修二（2014）「清水修二教授定年記念論文集」，真田哲也序，福島大学経済学会『商学論集』第82巻4号，2014年3月
白石智宙（2016）「鶴見和子の内発的発展論の再評価」，『国際文化政策』第7号，2016年9月
新修大阪市史編纂委員会編（1988）『新修　大阪市史』大阪市，第6巻，近代2
杉原薫・玉井金吾（1996）『増補版大正・大阪・スラム，J.E. もう一つの日本近代史』新評論
杉山友城（2020）『地域創生と文化創造』晃洋書房
鈴木茂（2003）『ハイブリッド型ベンチャー企業』有斐閣
鈴木美和子（2013）『文化資本としてのデザイン活動――ラテンアメリカ諸国の新動向』水曜社
スロスビー, D.（2002）『文化経済学入門』（中谷武雄・後藤和子訳）日本経済新聞社.
スロスビー, D.（2014）『文化政策の経済学』（後藤和子・阪本崇監訳）ミネルヴァ書房
関一（1936）『都市政策の理論と実際』（三省堂，1936年刊行の復刻版）（神戸都市問題研究所編地方自治古典叢書1）学陽書房，1988年
関一（1910）『労働者保護法論』（最近経済問題，第5巻所収）隆文館，1910年
関一研究会編（1986）『関一日記』東京大学出版会，1986年
関野満夫（1982）『関一の都市財政論』，『経済論叢』第129巻第1・2号
関野満夫（1997）『ドイツ都市経営の財政史』中央大学出版部
関野満夫（2015）『福祉国家の財政と所得再分配』高管出版
セン, A.（2000）『自由と経済開発』（石塚雅彦訳）日本経済新聞社
武田公子（2016）『ドイツ・ハルツ改革における政府間行財政関係――地域雇用政策の可能性』法律文化社
瀧波慶信（2014）「未利用資源の活用と広域的発展」，国際文化政策研究教育学会

編『国際文化政策』第 5 号（2014 年 8 月）
田中きよむ（2004）『少子高齢化社会の福祉経済論』中央法規
谷口親平（2017）「姉小路界隈のまちづくり」，国際文化政策研究教育学会編『国際文化政策』第 8 号（2017 年 9 月）
千葉修悦（2019）「佐藤霊峰－時代を超えて問いかける，生きるかたち」①②③，岩手県気仙郡地域紙『東海新報』2019 年 3 月 22 日，26 日，28 日
槌田洋（2013）『グローバル時代のスエーデン――福祉国家と地域』法律文化社
露木紀夫（1999）「はじめに」（ウォード，M.A.『カーライル，ラスキン，トルストイ』（露木紀夫翻訳代表）所収）ぱる出版
露木紀夫（2002）「ジョン・ラスキンと二宮尊徳」，ラスキン文庫『ラスキン文庫たより』2002 年 9 月 1 日号
寺西俊一・石田信隆編著（2018）『輝く農山村――オーストリアに学ぶ地域再生』中央経済社
徳永高志「公共文化施設の見取り図」，国際文化政策研究教育学会編『国際文化政策』第 2 号（2011 年 12 月）
戸田海市（1925）『社会政策論』弘文堂
戸田海市（1925）『工業経済論』弘文堂
十名直喜（2012）『ひと・まち・ものづくりの経済学――現代産業論への新地平』法律文化社
十名直喜編著（2015）『地域創生の産業システム――もの・ひと・まちづくりの技と文化』水曜社
十名直喜（2017）『現代産業論――ものづくりを活かす企業・社会・地域』水曜社
十名直喜（2020）『人生のロマンと挑戦――「働・学・研」協同の理念と生き方』社会評論社
トフラー ,A.（1980）『第三の波』（徳山二郎監訳）日本放送出版協会
トフラー ,A.（1982）『第三の波』（徳岡孝夫監訳）中央公論新社
富田高慶（1856）『報徳記』，佐々井信太郎総編集：復刻版（第 36 巻の刊行日付不祥）『二宮尊徳全集』第 36 巻，別冊，門人名著集，二宮尊徳偉業宣揚会発行，初版，1931（昭和 6）年
冨澤公子（2019）「奄美のシマにみる文化資本を活かした地域経営；長寿と人間発達を支える伝統と協働のダイナミズム」博士学位論文（名古屋学院大学大学院経済経営研究科）
内藤湖南（1929）「池上四郎」，前大阪市長池上四郎君彰徳会（泉仁三郎代表）編著『元大阪市長池上四郎君照影』（1941）（昭和 16）年（非売品）初版，復刻版＝池上正道：発行，2001 年（非売品）
内藤湖南（1924）『日本文化史研究』上・下，講談社学芸文庫，1976 年
内藤史朗（1999）「『芸術教育論』（ラスキン原著）の復刻再版にあたって」，ラス

キン著，内藤史朗訳『芸術教育論』明治図書．
内藤史朗（2000）「『ラスキンの芸術教育』訳者序文」内藤史朗訳『ラスキンの芸術教育――描画への招待』明治図書．
内藤史朗（2002）「『風景の思想とモラルー近代画家論・風景編』訳者あとがき――ラスキンをこれからも読むために」
内藤史朗（2010）「ワーズワースとラスキンとモリス」，国際文化政策研究教育学会編『国際文化政策』第1号（2010年6月）
中桐万里子（2011）『臨床教育と＜語り＞――二宮尊徳の実践から』京都大学学術出版会
長澤越郎（1993）『続マーシャル経済学ノート』岩波ブックサービスセンター
中谷武雄（2015）「スロスビー『文化政策の経済学』とケインズの文化政策」，国際文化政策研究教育学会編『国際文化政策』第6号（2015年8月）
中野健一（2015）「商人の公人化」，国際文化政策研究教育学会編『国際文化政策』第6号（2015年8月）
中野健一（2016）「尊徳仕法を今に生かす道」，国際文化政策研究教育学会編『国際文化政策』第7号（2016年9月）
中野健一（2017）「譲り合いによる『完全公共経済圏』の形成」，国際文化政策研究教育学会編『国際文化政策』第8号（2017年9月）
中野健一（2019）「文明視点による理念型経済圏の形成」，国際文化政策研究教育学会編『国際文化政策』第10号（2019年8月）
中西康信（2012）「書評・小林俊和『現代のエネルギー・環境政策』」，国際文化政策研究教育学会編『国際文化政策』第3号（2012年9月）
西沢保（2007）『マーシャルと歴史学派の経済思想』岩波書店
西堀喜久夫（1996）「大震災とコミュニティ・ボランティア・自治」，大震災と地方自治研究会編『大震災と地方自治――復興への提言』自治体研究社。
西堀喜久夫（2008）『現代都市政策と地方財政――都市公営事業からコミュニティ共同事業への発展』桜井書店
西堀喜久夫（2017）「自然災害論と東日本大震災――「災害の地域経済学」にむけて」，『地域経済学研究』第33号
西堀喜久夫（2018）「私の研究のこれまでとこれから」2018年度愛知大学地域政策学部退職教員記念講演会資料（2018年1月11日）
二宮尊徳（1834）「三才報徳金毛禄」（児玉幸多責任編集『日本の名著26・二宮尊徳』（児玉幸多・解題）中央公論社，1970年所収）
二宮康裕（2008）『日記・書簡・仕法書・著作から見た　二宮金次郎の人生と思想』麗澤大学出版会
野田邦弘ほか編著（2020）『アートがひらく地域のこれから』ミネルヴァ書房
橋口勝利（2017）『近代日本の地域工業化と下請制』京都大学学術出版会
橋本昭一（1985）『産業経済学』関西大学出版部

ビーアド著（1923）『東京市政論』（後藤新平訳）東京市政調査会
ピオリ, M.J., セーブル, C.F.（1993）『第二の産業分水嶺』（山之内靖・永井浩一・石田あつみ訳）筑摩書房：Piore, M.J. and Sabel C. F., *The Second Industrial Divide: Possibilities for Prosperity*, Basic Books, 1984.
広瀬滋（2019）「人間の意識と感覚が交錯する時間意識と生活建築力」，国際文化政策研究教育学会編『国際文化政策』第10号（2019年8月）
廣田誠（2007）『近代日本の日用品小売市場』清文堂
ブレイクモア, S.J. & U.フリス（2012）『脳の学習力――子育てと教育へのアドバイス』（乾敏郎・山下博志・吉田千里訳）岩波書店（岩波現代文庫）
福原義春編（1999）『文化資本の経営――これからの時代，企業と経営者が考えなければならないこと』ダイヤモンド社
福原義春（2007）『ぼくの複線人生』岩波書店
福原義春（2010）「銀座のまちと資生堂」，国際文化政策研究教育学会編『国際文化政策』第1号（2010年6月）
福原義春（2015）『道しるべをさがして』朝日新聞出版
福原義春・後藤和子編著（2012）『市民活動論』有斐閣
藤井洋治（2019）「遠野から住田への道」①②③④，岩手県気仙郡地域紙『東海新報』2019年3月9日，10日，12日，14日
藤井洋治（2020）「遠野早池峰ふるさと学校からふるさと創生大学への歩み」『月刊　社会教育』第64巻第7号，No.770，2020年7月号
藤江昌嗣ほか（2019）『企業経営と人生設計のワークブック－経営はアート，管理はサイエンス』芙蓉書房
藤岡純一（2016）『スウェ－デンにおける社会的包摂の福祉・財政』中央法規
藤田裕之「都市におけるレジリエンスの構築」, 国際文化政策研究教育学会編『国際文化政策』第9号（2018年9月）
藤本隆宏（2003）『能力構築競争』中央公論社
藤本文朗，石田一紀，津止正敏，池上惇編（2019）『長寿社会を生きる――健康で文化的な介護保障へ』新日本出版社
ブルデュー，ピエール（1990）『ピエール・ブルデュー』（加藤晴久編）藤原書店
古畑浩「中山間地域における6次産業の考察」, 国際文化政策研究教育学会編『国際文化政策』第2号（2011年12月）
ペイン，トマス（1776）『コモン・センス』（小松春雄訳）岩波書店
ペイン，トマス（1792）『人間の権利』（西川正身訳）岩波書店
ヘインズ, J.E.（2007）『主体としての都市――関一と近代大阪の再構築』（宮本憲一監訳）勁草書房
紅谷正勝（2011）「高山祭の魅力と課題」，国際文化政策研究教育学会編『国際文化政策』第2号（2011年12月）
紅谷正勝（2020）「飛騨高山大学（仮称）経済学部地域経済学科設立に向けて」

文化政策・まちづくり大学校（市民大学院）；文化政策・まちづくり学校（ふるさと創生大学）編『ふるさと創生まちづくり学通信』第5号，2020年6月
ポーター , W.E.（1995）『競争の戦略』（土岐坤・中辻萬治・服部照夫訳）ダイヤモンド社：Porter, M. E., *Competitive Strategy: Techniques for Analyzing Industries and Competitors.* Free Press, 1980
ポーター , W.E.（1985）『競争優位の戦略――いかに高業績を持続させるか』（土岐坤・中辻萬治・小野寺武夫訳）ダイヤモンド社：Porter, M. E., *Competitive Advantage: Creating and Sustaining Superior Performance*, Free Press, 1985.
ポーター , W.E.（1992）『国の競争優位』（土岐坤・中辻萬治・小野寺武夫・戸成富美子訳）ダイヤモンド社：Porter, M. E., *The Competitive Advantage of Nations*, Free Press, 1990
ポーター , W.E.（1999）『競争戦略論』（竹内弘高訳）ダイヤモンド社：Porter, M. E., *On Competition*, Harvard Business School Publishing, 1998.
ポーター , W.E.（2011）『戦略と競争優位』(『DIAMONDハーバード・ビジネス・レヴュー』ダイヤモンド社，2011年6月号)：Porter, M. E. and Kramer, M. R., *Creating Shared Value*, Harvard Business Review. Jan.-Feb. 2011.
ボウモル, W.J. (1993)『舞台芸術――芸術と経済のジレンマ』（池上惇・渡辺守章監修訳）芸団協出版，丸善配本：W.J. Baumol & W.G. Bowen, *Performing Arts -The Economic Dilemma-*,MIT Press, by the Twentieth Century Fund. Inc. The MIT Press, Massachusetts, 1966.
堀尾輝久（2019）著，藤本文朗ほかコメント「H．ワロン　子どもの権利と平和のための9条地球憲章」国際文化政策研究教育学会編『国際文化政策』第10号（2019年8月）
マーシャル, A.（2014）「経済学の現状－1885年」(『マーシャル　クールヘッド＆ウォームハート』（伊藤宣広訳）ミネルヴァ書房所収)：Marshall, A.,” The Present Position of Economics”, in A. C, Pigou, ed. *Memorials of Alfred Marshall*, 1925. London：Macmillan, 1885.
マーシャル, A.（1965～67）『マーシャル経済学原理』Ⅰ～Ⅵ（馬場啓之助訳）東洋経済新報社：Marshall, A., *Principles of Economics*, 1st ed., 1890, 8th ed.,1920, Rep., 1952, 9th (Variorum) ed., with annotations by C. W. Guillebaud, 2 vols., London: Macmillan, 1961.
マーカス, G.（2010）『心を生みだす遺伝子』（大隅典子訳）岩波書店（岩波現代文庫)：Marcus, G., *The Birth of the Mind, How a Tiny Number of Genes Create the Complexities of Human Thought.* Basic Books, Perseus Books Group, 2004.
増田寛也編著（2014）『地方消滅――東京一極集中が招く人口急減』中央公論新社
松本郁夫（2019）「ムラの豊かさから町の貧しさを見直す――農村文化資本が生み出す豊かさとは何か」上下，岩手県気仙郡地域紙『東海新報』2019年4月

12日，13日
松本竹生（2007）『文化政策が担う地域公共政策』徳島県教育印刷
松本洋子（2019）「景勝地『祇園・清水辺り』の歴史が育てた『ねねの道』」国際文化政策研究教育学会編『国際文化政策』第5号（2014年8月）
マハルプ, F.（1969）『知識産業』（高橋達夫・木田宏監修訳）産業能率短期大学出版部：Machlup, F., *The Production and Distribution of Knowledge in the U.S.*, Princeton, 1962.
三俣学「自然アクセス制の現代的意義――日英比較を通じて」兵庫県立大学『商大論集』第70巻第2・3号（2019年2月）
三宅諭（2014）「森林社会の可能性と展望」国際文化政策研究教育学会編『国際文化政策』第10号（2019年8月）
三宅格（2012）「ＥＵのギリシャ支援について」，国際文化政策研究教育学会編『国際文化政策』第3号（2012年9月）
宮本憲一（2014）『戦後日本公害史論』岩波書店
村岡利幸（2017）「固有文化価値を生み出す労働価値とその交換の仕組み」，国際文化政策研究教育学会編『国際文化政策』第8号（2017年9月）
村田武（2020）『家族農業は「合理的農業」の担い手たりうるか』筑波書房
藻谷浩介・NHK広島取材班（2013）『里山資本主義――日本経済は「安心の原理で動く」』KADOKAWA
森岡孝二（2011）『就職とは何か――‘まともな働き方’の条件』岩波書店（岩波新書）
森嶋通夫（1984）『なぜ日本は「成功」したか？先進技術と日本的心情』ＴＢＳブリタニカ
守友裕一「原子力災害・福島での住民主体の地域再生」，国際文化政策研究教育学会編『国際文化政策』第6号（2015年8月）
諸富徹編著（2009）『環境政策のポリシー・ミックス』岩波書店
諸富徹（2020）『資本主義の新しい形』岩波書店
八木紀一郎（2017）『国境を越える市民社会』岩波書店
安嶋是晴（2020）『輪島漆器からみる伝統産業の衰退と発展』晃洋書房
柳田国男（1925）「青年と学問」，責任編集；神島二郎『日本の名著50　柳田国男』中央公論社，1974年
柳ケ瀬孝三（1999）「潜在能力アプローチからみたソフト・インフラストラクチュア」，『立命館経営学』第38巻第1号，1-52頁
柳宗悦（1947）『手仕事の日本』岩波書店
山極寿一（1997）『父という余分なもの』新書館年
山極寿一（2014）『「サル化」する人間社会』集英社
山田浩之ほか（1978）『都市経済学』有斐閣
山田浩之（1980）『都市の経済分析』東洋経済新報社
山田浩之ほか編（1993）『文化経済学を学ぶ人のために』世界思想社

山田浩之編著（2016）『都市祭礼文化の継承と変容を考える』ミネルヴァ書房
山田浩之・赤崎盛久編著（2019）『京都から考える　都市文化政策とまちづくり岩波伝統と革新の共存』ミネルヴァ書房
豊嘉哲編（2019）『アジア共同体の可能性』芦書房
横石知二（2007）『そうだ，葉っぱを売ろう！　過疎の町，どん底からの再生』ソフトバンク・クリエイティヴ
横田幸子（2016）「女性と男性の人間的成長を支える社会的システムの進化」，国際文化政策研究教育学会『国際文化政策』第7号（2016年9月）
横山経治「西之町のまちづくり」，国際文化政策研究教育学会編『国際文化政策』第6号（2015年8月）
吉田和男（1993）『日本型経営システムの功罪』東洋経済新報社
吉田文和（2015）『ドイツの挑戦――エネルギー大転換の日独比較』日本評論社
ランドリー，C.（2003）『創造的都市――都市再生のための道具箱』（後藤和子監訳）日本評論社：Charles Landry, *The Creative City: A Toolkit for Urban Innovators*, Kogan Page, 2000.
ラスキン，ジョン（2002）『Modern Painters 風景の思想とモラル（近代画家論・風景編）』（内藤史朗訳）法藏館.
ラスキン，ジョン（1958）『ムネラ・プルウェリス：政治経済要義論』（木村正身訳）関書院：Ruskin, J. (1871) *Munera Pulveris, Six Essays on the Elements of Political Economy*, George Allen, London, 1907, Preface.
ロールズ，ジョン（1979）『正義論』（矢島欽次監修訳）紀伊国屋書店：Rawls, J., *A Theory of Justice*, The Balknap Press of Harvard University Press, 1971.
ロビンズ，ライオネル（2009）『一経済学者の自伝』（田中秀夫監訳）ミネルヴァ書房（自伝文庫）
若村亮（2017）「学習観光論」，国際文化政策研究教育学会編『国際文化政策』第8号（2017年9月）
渡辺俊一(1993)『‘都市計画’の誕生――国際比較から見た日本近代都市計画』柏書房
渡辺通弘（2019）『創造経済と究極の幸せ』悠光堂
渡辺通弘（2020）『資本主義の崩壊と再生』PHP

Caves, R. E. (2000), *Creative Industries: Contracts between Art and Commerce*, Harvard University Press.
Caves, R. E., Porter, M. E., A. M. Spence and Scott, J. T. (1980), *Competition in the Open Economy: a Model Applied to Canada*, Harvard University Press.
Kawashima, T. (1982), Resent Urban Trends in Japan, in *Human Settlement Systems*, ed. By Kawashima, T. & P. Korcelli.
Nakatani, Takeo with others (2014), The Accumulation and Reproduction of Cultural Capital

for Urban Creativity（池上惇『文化資本論入門』京大学術出版会，2017 年所収）
Peacock, A. T. (1992), Economics, Cultural Values and Cultural Policies. *Journal of Cultural Economics*, 15(2): 1-18.
Peacock, A. T. (1994), *Paying the Piper: Culture, Music, and Money*. Edinburgh University Press.
Peacock, A. T. (1997), *Public Choice Analysis in Historical Perspectives*. Cambridge University Press.
Peacock, A. T. and Weir, R. (1975), *The Composer in the Market Place*. London: Faber & Faber.
Porter, M. E. (2001), *Clusters of Innovation: Regional Foundations of U.S. Competitiveness*, Council on Competitiveness.
Ruskin, J. by Fleming, A., Industrial Experiments in Connection with St. George's Guild. *The Works of Ruskin, Library Edition*, 1870, vol.30, pp.328-335.
Sen, A. (1987) *Commodities and Capabilities*. Oxford University Press.

池上　惇（いけがみ　じゅん）

1933年大阪市生まれ。
京都大学名誉教授、福井県立大学名誉教授、京都橘大学名誉教授
現在、国際文化政策研究教育学会会長。

著書に、『財政学』（岩波書店）、『財政思想史』（有斐閣）、『文化と固有価値の経済学』（岩波書店）、『文化資本論入門』（京都大学学術出版会）など多数

学術選書

学習社会の創造

——働きつつ学び貧困を克服する経済を　学術選書 093

2020 年 10 月 20 日　初版第 1 刷発行

著　　者…………池上　惇
発 行 人…………末原 達郎
発 行 所…………京都大学学術出版会
京都市左京区吉田近衛町 69
京都大学吉田南構内（〒 606-8315）
電話（075）761-6182
FAX（075）761-6190
振替 01000-8-64677
URL http://www.kyoto-up.or.jp

印刷・製本…………㈱太洋社
装　　幀…………鷺草デザイン事務所

ISBN 978-4-8140-0293-1
定価はカバーに表示してあります

学術選書［既刊一覧］

＊サブシリーズ 「心の宇宙」→心 「諸文明の起源」→諸
「宇宙と物質の神秘に迫る」→宇

001 土とは何だろうか？ 久馬一剛
008 地域研究から自分学へ 高谷好一
018 紙とパルプの科学 山内龍男
042 災害社会 川崎一朗
044 江戸の庭園 将軍から庶民まで 飛田範夫
048 王国の鉄路 タイ鉄道の歴史 柿崎一郎
049 世界単位論 高谷好一
051 オアシス農業起源論 古川久雄
056 大坂の庭園 太閤の城と町人文化 飛田範夫
060 天然ゴムの歴史 ヘベア樹の世界一周オデッセイから「交通化社会」へ こうじや信三
067 愛国とは何か ヴェトナム戦争回顧録を読む ヴォー・グエン・ザップ著・古川久雄訳・解題
068 景観の作法 殺風景の日本 布野修司
073 異端思想の500年 グローバル思考への挑戦 大津真作
075 懐疑主義 松枝啓至
076 埋もれた都の防災学 都市と地盤災害の2000年 釜井俊孝
077 集成材〈木を超えた木〉開発の建築史 小松幸平
078 文化資本論入門 池上 惇
079 マングローブ林 変わりゆく海辺の森の生態系 小見山 章
080 京都の庭園 御所から町屋まで㊤ 飛田範夫
081 京都の庭園 御所から町屋まで㊦ 飛田範夫
082 世界単位 日本 列島の文明生態史 高谷好一
083 京都学派 酔故伝 櫻井正一郎
084 サルはなぜ山を下りる？ 野生動物との共生 室山泰之
085 生老死の進化 生物の「寿命」はなぜ生まれたか 高木由臣
086 ？👁！ 哲学の話 朴 一功
087 今からはじめる哲学入門 戸田剛文 編
088 どんぐりの生物学 ブナ科植物の多様性と適応戦略 原 正利
089 何のための脳？ AI時代の行動選択と神経科学 平野丈夫
090 宅地の防災学 都市と斜面の近現代 釜井俊孝
091 発酵学の革命 マイヤーホッフと酒の旅 木村 光
092 股倉からみる『ハムレット』 シェイクスピアと日本人 芦津かおり
093 学習社会の創造 働きつつ学び貧困を克服する経済を 池上 惇